清代小偷

巫仁恕 吳景傑 著

操作攻略 緝

三民書局

文明叢書序

　　起意編纂這套「文明叢書」，主要目的是想呈現我們對人類文明的看法，多少也帶有對未來文明走向的一個期待。

　　「文明叢書」當然要基於踏實的學術研究，但我們不希望它蹲踞在學院內，而要走入社會。說改造社會也許太沉重，至少能給社會上各色人等一點知識的累積以及智慧的啟發。

　　由於我們成長過程的局限，致使這套叢書自然而然以華人的經驗為主，然而人類文明是多樣的，華人的經驗只是其中的一部分而已，我們要努力突破既有的局限，開發更寬廣的天地，從不同的角度和層次建構世界文明。

　　「文明叢書」雖由我這輩人發軔倡導，我們並不想一開始就建構一個完整的體系，毋寧採取開放的系統，讓不同世代的人相繼參與、撰寫和編纂。長久以後我們相信這套叢書不但可以呈現不同世代的觀點，甚至可以作為我國學術思想史的縮影或標竿。

行動之前

以往對於古代小偷的印象，往往來自「梁上君子」、「雞鳴狗盜」等軼事的記載，或是小說之中對於「妙手空空兒」、「一枝梅」等神偷飛賊的描述，但古代小偷的真實樣貌與犯罪細節，在一般史料之中卻是鮮少提及，更不可能有系統性的說明。所幸現存的清代州縣衙門檔案保留為數不少的竊盜案件，其中便能拼湊出當時小偷犯罪與受審的過程與細節。

清代的州縣就如同現代的縣市，但州縣衙門的功能遠比縣市政府複雜，除了有民政、地政、戶政、衛生等事務之外，也還包辦警察與法院的功能，因此在這些衙門檔案之中，除了行政之外，治安與審判的相關文書也保存其中。清代州縣衙門檔案類似於現代地方政府的檔案，內容包括每一個行政程序使用的公文書及附件，再經過既定方式整理歸檔後形成。

目前現存的清代州縣衙門檔案種類與數量都相當龐大，在學術研究上最常使用的，是臺灣淡水新竹廳檔案（淡

新檔案）、直隸寶坻縣檔案（順天府檔案）、四川巴縣衙門
檔案（巴縣檔案）、四川南部縣衙門檔案（南部縣檔案），
另外黃岩縣、冕寧縣、太湖廳等地也都發現檔案，並已有
為數可觀的研究成果。這些檔案由於事務涉及層面甚廣，
反映出的時代細節也就相當豐富多樣。

本書使用的主要資料是清代四川巴縣的衙門檔案，巴
縣隸屬於四川重慶府，所在位置即今重慶市，縣城位於今
重慶市渝中區。城內座落著巴縣、重慶府、川東道、重慶
鎮、學政試院等各級文武行政機關，也因此縣城多被稱為
「重慶城」或「渝城」，或以「重慶」指稱以重慶城為中心
的周邊區域。城外圍繞著嘉陵江與長江支流岷江，同時也
是往來四川與雲貴地區的必經要道，其交通樞紐的地理位
置使得重慶城成為一個商業相當繁盛的城市，船隻、車馬、
行人川流不息，犯罪也往往應運而生。

在歷經明末天下大亂，張獻忠建立的大西國遭受清兵
攻擊而結束，四川境內人口銳減，清政府推行「湖廣填四
川」的移民政策，希望藉由移民的進駐，使遭受破壞的區
域得以重建。來自各省的移民大舉進入四川，沿著長江逆
流而上遇到的第一個大都市便是重慶。隨著乾隆年間兩次

大、小金川之役，重慶擁有地理與交通優勢，成為後勤補給的轉運站，也吸引各地商人前來經商，並結合既有的各省移民，在城內成立會館、公所，在商業行為上進行團體作戰。歷經太平天國戰爭之後的同治時期，是會館公所對城市影響力與商業經濟發展的高峰期，城市居民在經歷內亂後，又面臨著戰亂方歇的蕩漾餘波，矛盾的心態與局勢映照著民眾對於治安不穩的恐懼。

竊盜犯罪是古老的犯罪行為，時常出現在巴縣檔案之中，其案件數量不管在哪一個皇帝底下，相對於其他類型的犯罪而言都是相對較多，可見竊盜犯罪在清代重慶城的頻繁發生，尤其是同治朝的案件年平均數量是清代歷朝最多者。這些數量龐大的竊盜案件文書，包括被害人呈上的告狀與失竊清單（失單）、書吏勘查案發現場的報告（勘單）、捕役說明緝捕過程的報告（稟狀）、審判過程的口供（供狀）與判決書（堂諭），甚至還有嫌犯羈押期間不幸逝世後留下的驗屍報告（驗單），以及與案件相關的各種附件。透過這些保留許多犯罪與審判細節檔案文書，便可一窺清代竊盜犯罪的樣態，在軼事與小說之外，提供一個認識清代小偷的方式。

　　本書所講述的每一個小偷故事，都是來自於清代重慶真實發生的案件，並基於當時的社會氛圍與歷史背景，補充了一些原本案件的空白。透過小偷的視角，可以看到一群生活在清代的小偷，垂涎著重慶城的林林總總，思考著要如何選定做案地點、如何潛入建築物、如何選擇竊取標的物、如何全身而退、如何銷贓，再以被害人、捕役、知縣的視角，看看這些小偷最後又是如何被逮捕、如何接受審判，審判結束之後又會有什麼發展。搭配上許多案件與檔案之中各種稀奇古怪的故事，希望能讓讀者從歷史與時代的視野，觀察到小偷在各個犯罪階段做的不同選擇，其中往往不會只是「貧」或「貪」這兩個字就能代表，也不是「衝動」這個詞可以形容，而是有著複雜且可討論的問題。

目　次

成為小偷的要件

重慶城，一個由城牆圍繞，占地面積大約兩百多公頃的城市。縣衙為了方便治理，分為二十九個「坊」，並在每坊設置二至三名坊捕，負責巡邏與追緝犯人，若坊內民眾有治安方面的需求，也能就近求助於坊捕。

某天晚上，在巴縣負責管理教育相關事務的學署遭竊，知縣通令全城坊捕查緝。一個渝中坊的坊捕李貴，這天晚上在坊內巡邏，正煩惱著學署竊案的犯人毫無所獲時，突然聽到不遠處有人大喊「捉賊」，隨即前去追拏往黑暗處逃跑的嫌犯。眼看犯人就在前方，李貴既不想因為緝捕不力而被知縣責難，也不想被民眾懷疑是與竊賊勾結的惡捕，便全力一躍，將小偷撲倒在柵欄前。兩人狼狽地爬起，李貴連忙壓制住對方。

這名嫌犯名叫田麻子，在李貴再三逼問之下，只好承認前幾天偷了一床被蓋，跑去重慶城最大的批發市場「較場」，賣給開設衣鋪的龍萬發，拿到一筆錢，但已經花光了。李貴眼見田麻子已經認罪，也不敢大意，直接將田麻子送到衙門羈押，並按照程序寫了一份稟狀，向知縣說明逮捕的經過。

隔天早上，知縣例行公事般地開堂審問坊捕抓到的犯

圖1　點名單，唱名時在現場的人，知縣會在名字上用硃筆點一下，
　　　若未出席，則會附註「不到」

人。陳列在案上一卷一卷的，都是書吏整理好的案卷，交
由知縣裁決後續處理的方式，其中包括了捕役的稟狀，以
及書吏準備的點名單，也就是案件關係人的名單。由書吏
唱名，捕役依序將犯人提到公堂上由知縣審訊。陳善因為
偷了一戶姓張的人家，被知縣判了枷刑，並立即執行。譚
麻兒因為偷了大川號的靛包，也被知縣判了個立即執行的
枷刑，兩人馬上都被捕役拉出大堂門口。

　　輪到田麻子的時候，匍匐在地上的田麻子也不做任何
辯解，直接坦承自己是一個「下力活生」的臨時工，由於
近來米價暴漲，難以度日，正煩惱著下一頓飯的時候，途
經無人看守的巴縣學署時，見財起意，便偷偷跑到裡面去，

圖2　受枷刑的犯人

隨手抓起一床看起來材質不錯的被蓋，變賣給衣鋪老闆龍
萬發。龍萬發眼見是一床洋貨的嗶嘰被蓋，便以一千二百
錢的代價收購。可惜在這物價隨著米價上漲的時節，變賣
被蓋的錢很快就花光了，今天晚上正準備要再接再厲時，
就被逮捕了。

　　田麻子在招出了一切經過，並懇求知縣網開一面之後，
知縣隨即如同前面的陳善與譚麻兒一樣，將田麻子處以枷
示一個月的刑罰，並立即執行。

　　被判枷刑的犯人，必須將一塊挖了洞的木板套在脖子上，並貼著衙門的封條，服刑期間不得卸下，定期還得前往衙門報到，並接受檢查。若封條有破損的情況，則會遭受懲罰，還要延長刑期。因為戴著木枷，犯人行動受到限制，可達到預防再犯的效果。更有甚者，還須在指定地點戴著木枷示眾，以重慶城的情況而言，示眾的地點位於縣衙後方的後伺坡。

　　一個月後，經捕役檢查木枷上的封條都沒有毀損的痕跡，田麻子就與同樣犯下竊案遭知縣處以枷刑的陳善、譚麻兒一起解下木枷，並當堂釋放。

　　雖然長期下力活生的日子讓田麻子的體力依舊耐得住一個月的枷刑，但後頸仍因為木枷的重壓而磨擦出一些傷痕。田麻子一邊摩娑著後頸的不適，一邊緩緩踱出衙門，看到有人正捧著狀紙與看守大門的門子爭執。門子聲稱衙門一向都是「三八放告」，也就是每個月的初三、初八、十三、十八、二十三、二十八這六天才會收受一般的案件，今天二十五，不收你這種欠了五十兩的討債案子。門子隨即又轉了語氣，稱只要付點「傳呈錢」，還是可以勉為其難地幫忙呈狀。

　　田麻子看到門子掂了掂手上剛接過來的碎銀，抽過狀紙往衙門裡走去，便想著之前每次偷到衣服都拿去龍萬發的衣鋪變賣，也許今天龍老闆願意先借一點錢給他吃晚餐。隨即走到新豐街，穿過魚市口，往較場走去。

　　田麻子一路走著，與許多拿著木棍的人擦身而過，說著太平門外的大碼頭又有大船來了，趕快去賺下一餐。他想著在後伺坡與陳善、譚麻兒一起服枷刑的那一個月，往往趁著看守的衙役跑去摸魚的空檔，互相閒聊消磨時間。在言談間，彼此交流了不少偷東西的成功與失敗經驗，也許好好檢討上次失風被捕的經驗，之後可以繼續一邊打著零工，一邊找機會下手。反正在這個重慶城裡面，肥羊這麼多，要偷東西的機會還怕沒有嗎？

　　雖然身體還算挺得過去這次的枷刑，田麻子終究還是想多存點錢，在這個「重慶錢，淹腳目」的重慶城裡做點小生意才是長久之計，就算想去禹王廟投靠湖廣同鄉幫忙介紹生意和門路，自己至少也得準備點本錢。下力活生的日子雖然自由，但收入畢竟不穩定，重慶城的肥羊多，偷東西還是最有效率的方式。

【下力活生】

「下力活生」這一行在重慶城裡並不罕見，這類人偷竊的案件非常多。例如宜賓人劉洪順平日下力活生，某天在火神廟閒晃的時候，因為身上沒錢花用，便扒了某位不知姓名旅客的錢包，結果被發現而成為現行犯。同樣在重慶下力活生的湖南人李興發，某天目擊到徐天申將油魚寄放在浙江會館，想起自己貧苦難過，便在半夜二更趁著館內無人看守時，潛入行竊，得手二十餘觔，不久遭到捕役循線捕獲。

下力活生主要是指臨時性的體力勞動者，雇主呼之則來，揮之則去。在朝天門管理各行力夫的彭善信，雇用周馱子協助背運青麻，結果周馱子趁著堆放在朝天門外河灘上的青麻無人看守，背走幾包青麻，隨即被彭善信發覺，通知捕役拏獲走出不遠的周馱子。捕役將周馱子扭送衙門應訊時，周馱子自稱「平日下力活生」。

同樣在朝天門經手青麻的陳天德，這天一如往常地在河灘上發放牌子應募腳夫協助背送青麻進城，來應聘的唐馱娃負責背送一綑青麻時，卻逕往城外偏僻的地方走去，

陳天德發覺之後，隨即通知捕役拏獲。唐馱娃在衙門應訊時，自稱「在朝天門下力活生」。

下力活生的人大量出現在重慶城，是因為大批商船循長江逆流而上，在重慶當地批發或轉運時，往往停靠在離岸有一段距離的河面上，由小型駁船運到河灘上集結，再由腳夫、力夫，或是像周馱子、唐馱娃這種下力活生的臨時工，逐一背負進城內指定地點。

腳夫這個行業得益於重慶基於水陸交通發達的運輸業與各種工商業，就如同現在臺灣滿街跑的郵務、快遞、宅急便，若是少了這群四處疾走的「神行太保」，許多買賣交易是無法順利完成的。

有些自稱下力活生的人，則是受雇於城內或鄉村的店鋪、工廠，而非在城門或河灘營生。在巴縣鄉村界石場開設雜糧鋪的李大順，某天夜裡被小偷挖開牆壁進入店鋪裡面，竊去倉庫存放的各種雜糧，過沒幾天，又被小偷潛入櫃房偷走一些麥子與布疋。心有不甘的李大順隨即聯繫捕役協助追緝小偷，不久便捉獲劉大牛，並且送往衙門偵訊，劉大牛坦承行竊，並自稱「平日在煤炭廠下力活生」。

平常在絲房下力活生的謝趕壽，某天因為米價上漲的

關係，遭到雇主開除。走投無路之下，夥同梁老么行竊，接連數天在張姓、余姓家作案，得手衣物、銅錢不等，結果在康姓家中行竊時，被更夫發現，附近鄰居一擁而上，捉個正著。因此，這種下力活生者，也有可能原來並非臨時工，而是固定受雇於店鋪、工廠的搬運工。

還有其他被捕役逮捕的竊賊，在應訊時僅是自稱下力活生，具體工作內容不清楚，但由上述案件反映出的情況，大致上也可以推測仍是屬於臨時性的體力勞動者。平日下力活生的巴縣人吳駝背，因為「米價昂貴，日食難度」，在經過海棠溪余裕義家時，看到余家正在辦喪事，吳駝背便混入房內行竊，得手數件衣物，並隨即典當得錢，不久遭到捕役逮捕，起出三張當票。

平日下力活生的鄧三，因為「米價昂貴，日食難度」，行經楊榮發家時，發現「他人都出外工作」，一時見財起意，便破壞門鎖入內行竊，得手衣物、棉被等物，卻遭到鄰居發現，逃跑時被捕役擒獲。

這些下力活生者之所以成為小偷，除了工作與收入不穩定之外，米價與物價的波動使其生活更顯惡化。在米價隨著戰亂、饑荒等原因不斷上漲的同時，整體物價就會跟

著水漲船高，當店鋪與工廠撐不住的時候，首先遭殃的就是各種臨時工與下力活生者。

前述的謝趕壽即因為米價昂貴，遭到雇主為了削減人力而開除；謝三則因為「米價昂貴，沒處傭工」，因此行竊錢朋來家被逮捕。孤家寡人的劉義順，原本是鈕扣鋪的工匠，「因米價昂貴，無人雇請」，在飢寒交迫的情況下，行經金紫門外，看見河灘上堆放了大批松木板，四周無人看守，便前去偷搬了幾塊木板變賣，幾天後食髓知味，又再偷了幾塊變賣，不久就遭到捕役逮捕。

對一個下力活生的人而言，米價高漲的影響就在於工作不僅難找，即使工作得到的薪資也無法維持其日常花用，在收入不穩定的情況下，最後只好以偷竊的方式讓自己活下去。一旦失風被捕，「米價昂貴，日食難度」往往是千篇一律的理由。即使如此，這也反映著在那個時代之下，一個城市的商業發展，除了受益於可見的大型商號與千帆商船之外，也是靠著這一群隨時可能被時代拋棄的下力活生者支持。

【還有誰？】

　　本章開頭提及的田麻子，代表的正是一個重慶時有所見的下力活生者，因為受到整體社會經濟的影響，只好冒險犯罪。但是成為小偷的不會只有下力活生者，其原因也不完全是受到大環境的影響。在目前可見的資料之中，竊案犯罪者的職業相當多元，下力活生者是其中的大宗，但其他職業也涉及三百六十五行，以下姑舉幾例介紹。

　　有下力活生者在的地方，就會有大量的店鋪、工廠，或是小型作坊，提供不同的手工藝品與各式商品。這些工作場所除了經營者之外，也會有不少學徒與雇工，而這些人有時也會行竊雇主。例如開設織絨鋪的余洪茂屢屢發生貨物不明原因短缺的情況，某天余洪茂當場抓到幫工葉納子準備將一疋織絨圍在腰間偷走，便隨即報官。葉納子就是經由工匠首事陳三復、周榮章等人介紹來擔任幫工的。

　　開設棉花鋪的張天元，經由余霞齡介紹胞弟余海源擔任櫃工，負責管理銀錢帳務，並承諾如果帳目有誤，由介紹人余霞齡負責賠償。某天張天元有事出門，余海源竟然捲款一百五十餘兩潛逃，張天元發覺之後隨即報官，要求

余霞齡交出余海源，或是賠償余海源竊去的贓款。

　　不管是雇工還是來拜師學藝的學徒，入職的時候都會與雇主簽訂一份「投師約」，寫明彼此的責任與待遇，以免日後發生糾紛時口說無憑。開設木匠鋪的張洪順接受晏興發介紹的陳榮擔任學徒，並當場立下投師約，結果沒多久，陳榮趁著張洪順晚上熟睡時，捲款潛逃。張洪順發覺之後，隨即帶著投師約告官，要求晏興發交出陳榮，或是賠償其損失。

　　張洪順提供的投師約內容如下：

　　　　立出投師文約人陳榮，投到張洪順名下為徒，學木工手藝，憑眾面議，四年為滿。漿洗錢捌千文，其錢陸續支給。倘有風寒暑濕，聽天安命。若是走東去西，不與師父相涉。銀錢貨物，拐帶駝逃，一並有晏興發承擔。嗣後學者不學，飯食全認。教藝不教，漿洗錢全要。此係心甘意願，並無異言。恐口無憑，特立投師一紙為據。

　　　　　　　　　　　　　　承擔人晏興發、唐長興。
　　　　在見人馬萬發、況榮發、王永清、劉清和、陳洪玉筆

同治五年六月十六日立投師文約人陳榮（有押）

這紙投師約之中，明定張洪順需傳授木工手藝給陳榮，並提供八千文的生活津貼，而晏興發則需為陳榮擔保其為非作歹的後果。

這種擔保的方式，也可以在張天元的案件之中看到，為余海源作保的余霞齡需要代為賠償張天元的損失，也許一開始也是有相關的雇傭契約，張天元才能在事發之後馬上呈狀。這樣的做法可以確保雇工或學徒一旦心懷不軌，雇主也能找到負責彌補損失的人。

除了市井之內的販夫走卒之外，重慶城因為有很多行政機關，並駐有軍隊，所以城內與鄉村都有一大批在衙門辦公的吏役與軍人生活著。這些人有一部分同時擁有另一份工作，如衙門戶房的書吏蕭恆山在新豐街與蕭恆豐合夥開設雜貨鋪，而新豐街正好是巴縣衙門與重慶府衙門所在的街道，要兼顧兩份工作可以說是相當方便。

另外，右營目兵張坤山在重慶城內的南紀坊開設一間名為「鎰和棧」的客店，目兵陳聚賢亦在金紫坊開設「聚賢店」，工房經書吳玉亭則是在楊柳坊開設「三元店」，刑

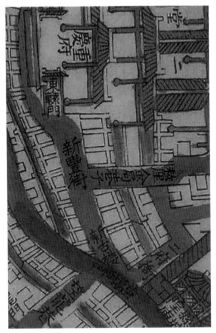

圖3　新豐街

書吳廷士亦在楊柳坊開設客店。因應大量客商與旅客而開張的客店，成為吏役與軍人正職之外的收入來源。

這些吏役與軍人有時也會成為小偷，像是在衙門茶房當差的盧珍，負責保管茶房的各種茶具、燈具等器材，當知縣霍為蓁卸任時，盧珍將這些器材交接給同為差役的梁玉呈繳回庫，後來發現梁玉竟然私吞了茶碗與燈盞，便馬上報官徹查。西城里差役惠太在某天夜裡當值時，將衣服

放在櫃房裡，卻被同為差役的蔣文直接穿走，惠太發現後斥責蔣文，蔣文甚至反唇相譏，稱另一位差役吳太也是常常穿走其他差役的衣服，甚至直接穿去較場變賣。惠太一氣之下，便呈狀控告蔣文與吳太行竊。

像這種吏役行竊的情況，其懲罰就會如同蔣文一樣，「笞責斥革，日後永不許更名復充」，並且「當堂逐出」，也就是除了偷竊的刑責之外，也會遭到革職，不能再擔任相關衙門職務。

另外還有一群人，有時候也會被告偷竊。包括開設店鋪、工廠，或是小型作坊的業主、流動的攤販、中小行商、開設店鋪的坐賈等等。值得注意的是，控告對方偷竊的有不少是有生意往來的本地或外地同業人士，其原因多半是交易糾紛而起，懷疑對方偷斤減兩，因此提告。或是被害人在客店遭竊，因為不知道竊賊是誰，也不知道該找誰負責，便直接控告客店老闆偷竊，並非實際上有竊盜的行為。

例如在重慶城開設義生和藥鋪的李義生，某天由「藥經紀」鍾洪順促成一筆與何姓藥客的生意，李義生將貨款交給何姓藥客，最後何姓藥客卻不知所蹤，李義生便控告鍾洪順偷竊。又如本書〈附章〉提到的甘肅皮貨商馬義興，

來到重慶城經商時，住在劉萬元的棧房，結果放在房間櫃內的貨款在其外出時遭竊，馬義興懷疑是老闆劉萬元所為，便呈狀控告劉萬元行竊。但實際上劉萬元並無嫌疑，反而是馬義興隔壁房客楊致和於案發後不知所蹤。

【 親屬之間 】

正所謂「千防萬防，家賊難防」，除了店鋪的學徒、雇工，或是大戶人家的僕人、婢女之外，親屬之間的竊盜行為也是層出不窮。

守寡多年的周劉氏，某天渡江前往鄉村與親戚朋友喝酒不在家，卻遭到其子周光賢偷去金飾與衣物，周劉氏返家後發現，便向知縣呈狀，控訴周光賢是被王三大爺等人唆使行竊。剛成為寡婦不久的何盧氏，先是被曾外孫胡全義騙去了價值六十兩的金飾衣物，養子何志達又被胡全義唆使，趁著何盧氏出外不在家，偷去了一筆銀兩，何盧氏回家之後發現，才由姪子何德周代為出面呈狀。

親屬之間的竊盜行為，在法律上與陌生人之間的情況不太一樣，同樣的罪行，會隨著彼此之間的親疏遠近而有

所差別，雙方越親近，刑責會越輕。此外，如果是長輩偷晚輩的東西，其刑責會比晚輩偷長輩的東西還要輕。

　　在檔案之中雖然看得到親屬之間的偷竊行為，但大概可以想像有更多的情況沒有出現在檔案之中，也就是沒有報案。一來畢竟是家醜，宣揚出去不好聽，所以就算報案也會說自己的小孩是受到別人唆使，平常在家很乖。二來報案告官都要花錢，也得花時間上衙門接受調查或審訊，如果能自己私了的話，當然還是避免麻煩。

第二步

選擇做案的時機

　　在重慶城內開設「德生京菓鋪」的熊德生，某天晚上被小偷撬開店鋪正門口的鋪板，進入櫃房，偷了許多商品，包括洋菜、墨魚、檀木，以及幾件衣服。當小偷準備繼續破壞錢櫃的鐵鎖時，驚動了睡在臥室的熊德生，他雖然隨即追出，小偷卻已經逃逸無蹤。

　　熊德生隔天早上向坊捕陳玉等人通報遭竊，陳玉隨即前來初步勘查現場，確定遭竊事實，熊德生便乘機抱怨為什麼明明街道上就有柵欄管制夜間人員進出，小偷竟然可以隨意進出犯案？陳玉等人面對熊德生的抱怨，卻沉默以對，這個態度讓熊德生相當不滿，便在向縣衙報案的呈狀之中，提出自己對於坊捕與小偷串通的質疑。

　　當縣衙受理熊德生的呈狀之後，便會同時啟動緝捕與調查程序，也就是派遣捕役追查犯人，另派書吏前往事發現場勘查。捕役王俸等人在過了二十天之後，向知縣報告自己經過多方調查，發現失竊當晚應該要按規定上鎖的柵欄並未如實鎖上，王俸當即斥責柵夫趙炳年、陳三喜的失職，並詢問是否有可疑人士進出，陳三喜回報當晚有一個不知姓名的人為了遞送文書而經過柵欄。王俸觀察到陳三喜面對質問時言詞閃爍、神情慌張，實在過於可疑，便隨

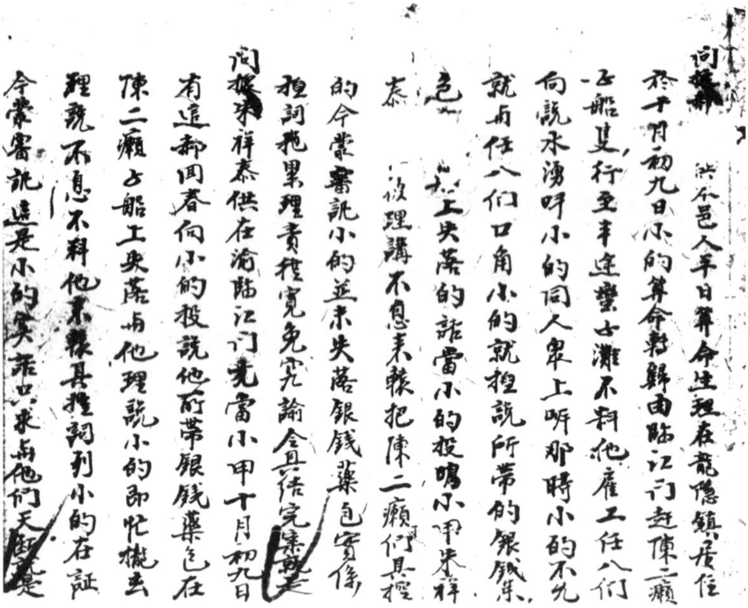

圖4　供狀，又稱口供

即將陳三喜扭送衙門。

　　審訊過程之中，陳三喜矢口否認犯案，但有一個叫游三的人出面做證，聲稱事發當晚聽到有人大喊抓賊，出來就看到陳三喜神色慌張地走過，並說是熊德生家遭小偷，過了幾天兩人閒聊時，陳三喜得意地說出自己當天晚上用鐵勾撬開熊德生店門口的鋪板行竊。游三為了證明自己的說法，還拿出陳三喜當時分給他的一些贓物。陳三喜眼見

事情敗露，只好坦承自己因為「無錢用度」，那天聽說熊德生的櫃房存放了不少錢，便趁著深夜去打探消息，發現大家都睡熟了，這才下手行竊。

　　當時城內為了防盜，夜間有柵夫在柵欄邊管制人員進出，坊捕與更夫在坊內不時巡邏，民眾均能在家安心熟睡，沒人想到原本應該要保護自己的柵夫會成為小偷。而陳三喜這個天衣無縫的計劃，卻敗在自己的得意忘形，被游三抖出了這些內幕，使得自己遭到知縣判處鞭責，並且被逐出城外。

　　被命令離開重慶城的陳三喜，由衙役推著走出巴縣縣衙，離他最近的一個城門是太平門。太平門外一條長長的斜坡下，連接的是大碼頭、二碼頭、三碼頭等千帆雲集的碼頭。陳三喜走出太平門，沿著城門邊的順城街踱步前行，如果沒有一時鬼迷心竅地去熊德生店裡偷東西的話，搞不好還可以繼續在晚上當個柵夫，偶爾勒索一下想要進柵門的行人，賺點外快過日子，白天補個眠，在城內到處閒晃打打零工，年輕的身體也還可以過著這種晝伏夜出的生活。現在被大老爺趕出重慶城了，還能去哪裡呢？也許陳三喜就這樣搭個順風船，渡過岷江，到達對岸的鄉村裡尋找工

圖5　太平門

作機會，或是尋找其他下手的機會。

　　在清代的法律規範中，只要是明目張膽地在非經允許
的情況下拿走他人財物的行為，都算是「盜」，主要又可分
為兩種，「公取」指的是強盜與搶奪這種公然取財的行為，
「私取」指的是竊盜與掏摸這種在對方不知道的情況下取

走財物的行為。在本書談及的竊盜行為之中，不管是哪一種犯案動機，既然是要「偷」，就是要在被害人不知不覺的情況下得手。

　　像陳三喜這樣趁著深夜屋主全家熟睡時，而潛入行竊者並非特例，這些小偷是如何選擇做案時機？日常生活之中往往會提供哪些「好機會」與「肥羊」讓小偷得以趁隙出手？這是本章想討論的內容。

全家熟睡

　　上述陳三喜行竊的案例中，明明事主家裡有人，卻因為全家熟睡而如同不設防般被偷，這是頗為常見的行竊時機。原本在金蘭煙鋪當學徒的李長生，離職後無以為生，某天經過白象街單茂興的店鋪前時，看到裡面眾人皆已睡熟，便偷偷把大門打開，入內行竊得手，原本打算將贓物拿去變賣，卻在路上被巡邏的捕役盤問。

　　又如李四麻子在走投無路的情況下，經過較場小木市的張姓店鋪前，窺見裡面眾人均已睡熟，便直接入內行竊得手，變賣時就被捕役擎獲。在廉里三甲居住的陳萬和，

因為適逢農忙之時，白天工作過度勞累而全家睡死，隔天早上起床發現廚房牆壁被人割破一個大洞，被牽去三頭大肥豬。

【無人看守】

攤販陳列在外的商品，或是商家暫時堆放在碼頭邊的貨物，一旦沒有人看守時，往往會被有心人士順手牽羊。

平時下力活生的陽麻子、溫臘狗、潘長壽等人，某天趁著天氣很好的時候在外閒晃，正當他們經過東華觀，就看到永益棧的傭工正在將店裡的大黃鋪在空地曬乾，三人彼此對看了一眼便走開了。當天晚上二更，三人又走回東華觀，爬上望樓，確認大黃還在空地上沒有收拾，便順手拿了傭工放在一旁的麻布口袋，裝了一大包約有七觔的大黃，陽麻子正背起來準備走出山門時，就被捕差管順抓個正著。

在太平門碼頭從事腳夫工作的黃旭高，某天下班的時候，看到碼頭邊放了一擔茶碗，四下無人，便順手拿走兩個。隔天捕役就找上門，連人帶碗拏到衙門去問話，這才

知道原來是管理腳夫的夫頭張洪發在經營副業，藉由職務之便順便販賣茶碗，雖然這次運來的量不太多，想在今天工作告一段落才要拿去較場賣，想不到就被黃旭高拿了兩個走，因此報案抓人。

又如船戶陳興順載運六十幾包的靛來到重慶城外，準備交給天泰行與天錫行販售，為了等待兩個商行派人來取，便暫時堆放在朝天門外的河岸上，自己先去了天泰行吃早餐。吃完早餐回來一看發現靛包被拆開，連忙通報捕役捉賊。不久捕役便將譚小閏年與譚麻兒帶到衙門，下力活生的譚麻兒坦承自己在河岸邊閒晃的時候，看到這麼一大堆的靛包，旁邊卻沒有人看守，便用木瓢挖了一大瓢，拿去譚小閏年的煙鋪換點洋煙抽，結果就被捕役逮捕了。

重慶城畢竟是一個西南地區相當大的水陸轉運站，許多沿著長江逆流而上的商船往往在此卸貨，將貨物堆放在河灘上面，準備在當地批發，或是等待轉運到其他地方去。當地的船家與商家自然相當明白這些堆放的貨物會有被偷的風險，因此有些就會像是同樣在朝天門外河岸堆放靛包的邱元吉，還特地請河差幫忙看守，但河差並未如邱元吉所想的盡忠職守，終究還是被偷了三桶。後來河差沿著岷

江岸邊搜索停泊的船隻，總算在停靠於儲奇門外的李萬發船上發現遭竊的靛包。

無人在家

這種情況指的是住家或店鋪的主人與住客因為某些原因全部不在家，家裡唱空城計的情況下，就被有心人士窺探得手。

南川人邱福一家因為經濟困難，太太李氏便前往重慶城幫工，幾個月來毫無音訊，邱福一方面為了打探妻子的下落，一方面也希望能從妻子身上拿到一點生活費，好不容易來到重慶城，卻因為生活費沒有著落而飢渴難耐。無意間行經重慶府衙旁邊的餅子鋪，往裡面沒看到老闆與店員，便直接進去拿了幾件衣服，打算去當鋪換一些錢買東西吃，想不到在路上就被捕役盤查。

有的是出外聚會不在家。在重慶城內開設衣鋪的曾匯川，某天與妻子在外喝酒，隔天回來才發現店內的箱鎖被小偷扭開，偷了不少衣服與銀錢。捕役循線追查到是曾匯川店內的學徒侯鴻才所為，因為贓物之一的藍布衫正穿在

其養父蔣元順身上。

　　有的是出外工作，這裡也很常看到住在鄉村卻需要長期在城內衙門辦公的吏役。刑房經書易騰芳因為時常要在衙門輪班而不在家，在咸豐十一年十二月接連兩次遭竊，後又於同治三年四月遭竊，前後被偷去不少衣物，還有一頭肥豬。同樣是刑房經書的劉華亭也是某天在刑房輪班的時候，家中遭到小偷撬毀外牆籬壁入內，偷走包括壽衣在內的衣物，過沒幾天沒有輪班在家睡覺的時候，又再次遭竊。雖然依舊是只有衣物被偷，但劉華亭接連兩次被偷，實在是無法忍受而告官。

　　有的則是因為捲入訴訟而被長期羈押，家中因而遭竊。這種情況雖然比較特殊，但也不乏案例。張泰來與人發生債務糾紛，被告上衙門，因為案情遲遲未釐清，整整被羈押了兩年多。在前往衙門應訊之前，張泰來將自家經營的店鋪鎖上，並將鑰匙交給衙門保管，結果仍被小偷直接破壞門鎖入內，偷去店裡的各式器皿，使得張泰來損失慘重。又如馬德順某次也因為被人控告而前往衙門應訊，原本只是問幾句話就可以回家，卻被捕役無故扣留一天，被扣留的當晚家裡就遭闖空門。

有的是出外經商，其中比較常見的是住宿客店的客商，為了交易離開客房而遭竊。如鄭泰豐、羅代臣、馮太和等三位經營木材的商人，他們進城借宿在董復興經營的長順棧房。某天三人鎖門外出，返回時發現堆放在房內的貨箱都被人撬開箱鎖，內存貨物與錢財均不翼而飛。

有的則是丈夫不在家，僅留妻兒在家，小偷肆無忌憚的情況。如劉興順因為經濟狀況不佳，只好離家從事挑貨的工作，僅留妻子劉徐氏與十一歲的幼子在家，卻遭到葉仕元窺知虛實，趁著夜深的時候，與幾名同夥前來行竊。又如陳張氏因為丈夫長期離家在外經商，僅留自己，某天生病臥床，突然有幾個人闖進家中說要吸洋煙，並趁著陳張氏起床去灶房熬藥時，偷走臥室的衣物與幾張當票。

赴考時節

還有一些特別的時間點，會出現不少身懷鉅款或是家藏萬貫的情況，一旦被小偷探知，這些他們眼中的大肥羊往往就成為最合適的標的物。

重慶城因為是重慶府衙與學政試院所在地，在府級的

文武考試舉辦期間就會湧入大量重慶府籍的考生。這些考生會在重慶待上好一段時間，可能是與同梯考生交流學術，或是在重慶這個商業都市之中，順便兼營買賣以大賺一筆，卻也成了小偷眼中目標。

　　榮昌縣武童潘肇平來到重慶城準備武試，身上因為只有大錠的銀兩，便拿去較場的錢市換錢，比較方便進行交易，結果錢沒換成，反而被扒手偷走。文生王文淵來到重慶城準備考試，帶著行李住在余和泰的茶店之中，並且遵照茶店的規矩，將銀錢都交給櫃臺統一保管，以免遭竊，並將茶店給的五張紅票藏在靴子裡。想不到隔天他出門吃早餐，回房時發現靴子被人偷走，裡面的紅票也不翼而飛。

趕集、趕場

　　在鄉村雖然沒有考生赴考的問題，但因為遍布不少場鎮，也就是進行交易的市集，在趕集、趕場的期間就會聚集許多帶著商品、財物的商人、顧客，這些人也是小偷的目標。

　　王清臣與外甥馮明軒、堂姪王良臣合夥綢緞買賣的生

意，馮明軒這天前往重慶城批貨，買了一批湖縐與白綢，綁在轎子後面準備回程。途經鄉村一個名為「土主場」的集市，正好遇到熱鬧的場期，轎子就停在李煥章的店門口，休息的同時，也物色一下可以順便購買的貨物，結果一不注意，綁在轎子後面的湖縐與白綢就連同包袱一起被偷走了。

鄉村的場市每月都有固定開市趕集的日子，如每月初一日正巧是公平場的趕集之日，許多外地與本地的商家都會在公平場進行交易，湧入大量人潮，其中就出現慣賊陳四、徐五兩人四處行竊，經營布攤的蔣海山、葉生理、嚴恆豐等人均被偷去不少布疋，因此負責管理的小甲胡興發隨即進城告官。

【 年終大特賣 】

農曆十一月在清代又被稱為「冬月」，十二月則是「臘月」，正是民眾準備將一年的工作收尾，籌辦物資，準備過年的日子。衙門在十二月底也會宣布「封篆」，也就是停止日常政務，時間長達一個月，期間除了重大案件之外，一

律不受理一般案件。在這個大家準備一家團聚的季節裡，竊盜犯罪也是蓄勢待發。

住在城內紅岩坊的姚正興，在十一月初十、十二月二十二接連遭竊，但姚正興想說適逢「歲暮」，也就是年末的時候，無法報案，便「俱忍未較」，結果到了正月二十二日三度遭竊，實在忍無可忍便隨即告官。武生何濟川在十二月十五日晚上被小偷破壞倉庫大門的鐵鎖，入內偷去存放其中的米穀，隔天早上發覺之後，隨即準備呈狀報案。何濟川在呈狀之中痛批「現屆隆冬，宵小易生，不稟嚴究，盜風愈熾」，遭竊的時間點正值年終容易出現小偷的時候，如果不好好處理的話，反而會使犯罪更常發生。

何濟川對於犯罪與季節關係的觀察，其實官員也是了然於胸。重慶知府向巴縣發布了一道公文，命令巴縣在年終嚴格打擊犯罪，這道公文稱：

> 渝城八方雜處，宵小每易潛蹤。現在封印在邇，本府風聞向於每逢封篆後，街市孩童買攜物件，往往有不宵棍徒硬行強奪之事，此風斷不可長。

同樣位處重慶城的重慶府，對於重慶城的犯罪情況自然是相當熟悉，因此認為衙門在年底準備休假的時候，常常出現小孩子協助出外採買時，被混混無賴在大街、市場上搶奪的情況，便命令巴縣知縣責成捕役加強城內的巡邏。捕役巡邏的對象自然不會只有搶奪，而是包括竊盜在內的各種犯罪行為。

除了重慶知府之外，巴縣知縣也為了因應這種犯罪防治的政策，便下了嚴令，並製作成簡單易懂的告示，通令全城軍民百姓周知。其告示稱：

時屆冬令，宵小易生。稽查留神，最宜認真。

諭爾保甲，大家留心。如有賊匪，協力兜擒。

扭送赴案，立予重懲。倘有拒捕，格殺勿論。

巴縣知縣宣布，年終時節最容易發生犯罪，地方基層組織都要協助追捕宵小，一旦成功逮捕，應該隨即送案重懲，如果對方拒捕，可直接當場格斃。巴縣知縣這道嚴令不僅反映了重慶城年終犯罪案件數量高漲的問題，也表現出知縣急欲壓制這股犯罪風氣的心情。

　　實則根據《大清律例》，如果小偷拒捕之後遭到逮捕的話，是會被判處斬刑，這類型的案件都必須要層層送到皇帝手上才能定案，知縣本身是沒有權限隨意判處死刑。除非是嫌犯「持仗拒捕」，也就是拒捕的時候其手上是持有刀、棍等武器，才能當場格殺。

　　另外，清末因為動蕩的社會情況，地方的總督、巡撫取得「就地正法」的權限，也就是在特定情況下可以不經由皇帝批准直接執行死刑，事後再奏准備案即可。雖然知縣並未擁有這項權限，但這句「格殺勿論」看起來會比較像是一種宣示，實際上面對一般空手的小偷，並不能真的如此。

第三步

潛入做案的方法

　　明末知名的小說家凌濛初，接受出版社的邀請，模仿馮夢龍的暢銷短篇小說集「三言」，創作了「二拍」，也就是《初刻拍案驚奇》與《二刻拍案驚奇》，每冊四十篇，總計八十篇短篇故事。其中有篇名為〈神偷寄興一枝梅‧俠盜慣行三昧戲〉的故事，主角就是一位能夠飛簷走壁的神奇飛賊。

　　出生在蘇州的懶龍，不僅從小就能穿著鞋子走在牆壁上，還很懂得各地的方言與腔調，絕技是在鞋底灑上一層稻草灰，走起路來一點聲音也沒有，與人互相扭打摔角，動作都相當靈巧。餓了就隨意去大戶人家偷東西，累了就躲在別人家屋梁上睡覺。每做一案，都會在牆壁上畫一枝梅花，因此人稱「一枝梅」。

　　某次有人與一枝梅打賭，今晚如果能在不破壞門窗的情況下，偷走自家客廳桌上這個錫酒壺，就請大家喝酒。當天晚上那人就在客廳桌前守著，到半夜就不小心趴在桌上睡著了。整夜躲在屋梁上的一枝梅眼見機會來了，便將豬脬（豬膀胱）綁在一根細竹管上，緩緩地垂下去，輕輕地插進酒壺口中，用力一吹，豬脬脹滿整個錫壺，一枝梅便輕輕鬆鬆提走這個錫壺，揚長而去之前還不忘把屋瓦蓋

圖6　神偷寄興一枝梅

回去。

　　整個故事之中還有許多一枝梅神奇的手法，像是一枝梅如何躲在衣櫃裡利用破布線頭製作誘敵的東西，不僅成功偷走一大堆的高級衣物，還能讓追兵自相殘殺。或是利用自己擅長的不同方言，混進載有一群閩人的船隻之中，

偷走船艙通鋪裡的錦被，還讓失主花大錢去岸上的當鋪贖回那條錦被。甚至是嘴巴含著雞骨頭，模仿在廚房偷吃雞肉的貓咪，讓太太去廚房查看，同時把石頭丟在池塘裡，讓丈夫以為太太摸黑落水，趁隙拿走夫妻兩人守了整晚的那包壓在枕頭下的銀兩。

然而，小說終究是小說，現實之中是否有這種技藝高超的小偷？也許是因為這樣的小偷根本不會落網，就不會留下案底，自然也不會被數百年之後的我們知道。不過絕大部分的小偷都是用相當普通的手法行竊，以致於我們所看到的都不像一枝梅、亞森羅蘋、怪盜基德一樣的神偷怪盜，而是檔案之中隨處可見的小偷竊賊。

以下是一則真實的案例。住在學政試院旁邊的李鄧氏，其住家是一棟一進三間的瓦房，丈夫在幾年前過世之後，便獨自一人住在這裡。某天，李鄧氏接到鄉下親戚的邀請，喝杯長輩的壽酒，便於吃完早飯之後準備出門。

在臨行之前，想起前幾天才聽說有人因為全家出門，當天晚上就被小偷闖空門了，想一想心裡覺得有點緊張，如果就這麼倒楣怎麼辦？

隨後轉念一想，先夫買了這間房子就在學政試院旁邊，

圖7　學政試院

附近就是熱鬧的較場，白天人來人往，前後又有柵欄，晚上還有柵夫會負責鎖門，也有坊捕不分日夜地巡邏，畢竟是學政試院所在的區域，小偷應該不至於這麼大膽地自投羅網。

　　李鄧氏在一陣內心小劇場之後，便將臥室門與家門都好好鎖上。先去較場買點重慶城的好東西當做伴手禮，再

走去臨江門外碼頭，搭著小船，渡過嘉陵江吃壽酒，吃完應該可以在城門關閉前回家。

李鄧氏因為大家的盛情難卻而留下過夜，也享受了難得的熱鬧。

好巧不巧，一個小偷偶然看到李鄧氏提著行李出門，隨後便趁著白天繞著屋子前前後後端詳了一番，晚上準備一把趁手的割壁刀上門。小偷看大門已經鎖上，便採取迂迴戰術，用刀伸進去堂屋窗門的縫隙，刁開窗閂。雖然小偷已經盡量減低音量，但是房屋之間緊密相連，還是擔心細微的聲響會引起鄰居的注意。小偷縮在牆角等了一下，左右看了看，便躡手躡腳地爬進屋內。

原本以為可以就這樣輕易得手，想不到臥室也用了與大門一樣的鎖，這個時候已經沒辦法再回到屋外，從臥室的窗戶下手。小偷摸了一下，確定是泥糊的竹片篾壁，便拿刀慢慢挖出一個足以鑽進去的小洞，將房內兩口皮箱拖到堂屋，割開皮箱蓋，倒出裡面的衣服、首飾，拿件藍麻布衫和白麻布汗衣全部包一包，再循原路離開。

李鄧氏隔天渡江返家，還沒走到家門前，隔壁鄰居便急急忙忙跑出來喊著大事不妙。李鄧氏心中一驚，連忙開

鎖進屋，便發現兩口原本放在臥室的皮箱都已經被割開，並丟在堂屋外面，裡面東西均不翼而飛。清查了一下，亡夫當年送的「金花花」與「銀花花」都不見了，雖然不過就是二錢的首飾，卻是兩人無法替代的回憶。李鄧氏又翻找了一下，除了幾件衣服不見之外，還有亡夫生前愛用的「二馬車水煙袋」也被小偷拿去，不禁悲從中來，跪在地上痛哭。

李鄧氏哭了一陣子，便整理好情緒，也開始整理零亂的房子。這時鄰居找來坊差董升，但董升看起來沒什麼幹勁，前後查看時也不甚仔細，不過是走走看看就離開了，感覺起來不會積極處理。

李鄧氏在家枯等了好幾天，越想越不對勁，為什麼我們這個區域看起來這麼安全，卻還會被偷？為什麼這麼多天了還沒有消息，這個懶洋洋的董升肯定是沒有認真追查，搞不好還與竊賊串通分贓。李鄧氏便請代書準備了一份呈狀，並請鄉下的親戚進城幫忙遞狀，畢竟一個婦人按規定是不能親自呈狀的。

清代最常見的竊案型態就是入室行竊，小偷都怎麼進去別人家或店裡偷東西？飛簷走壁的飛賊是否真的存在？

如果不是從門窗進入，還能怎麼進去？因此以下將先透過竊案發生之後，衙門書吏前往犯罪現場勘查之後寫下的調查報告，說明重慶城民居、店鋪、客棧的建築格局，再分別說明小偷做案的一般手法與特殊手法。

【 一般住家的格局 】

在竊盜案件發生之後，書吏會接受知縣的命令，前往案發現場進行各種勘查，其原因主要是確認遭竊，避免誣告案件的出現，同時又能了解現場的情況。書吏勘查之後會撰寫成「勘單」，內容大概如下：

> 勘得：李鄧氏被竊處所，係在學院甬壁當門，該處有瓦房一進三間，前一間係堂屋，左右俱有窗門。中一間係鄧氏臥室，後一間是廚房。鄧氏臥室內安木床二間、立櫃二個，上放皮廂二口。據鄧氏指稱：「於二月二十日早飯後，伊鎖門出外探親未歸，是夜被賊由堂屋左邊窗門雕毀進內，撬毀臥室門壁入內，將皮廂二口端出堂屋，用刀割毀廂蓋，竊去衣

圖8　勘單

飾」等語。查勘窗扇、門壁、廂蓋，均有撥撬割毀
情形。勘畢。

內容大概可分成三段，第一段是書吏對於案發現場內外環
境的整體描述，包括所在地點、內部格局、建築材質等內
容；第二段是引用被害人自述其遭竊的情況，包括事發時
間、推測小偷闖入的路徑、竊去的物品；第三段則是書吏驗
證被害人推測路徑的說法，確認是否有被小偷破壞的痕跡。

　　關於勘單的內容自然隨著現場狀況與書吏的記錄而有
著詳略的差別，但書吏需要確認與記錄的內容大致上大同
小異。詳者如上引內容所示，略者則僅如：

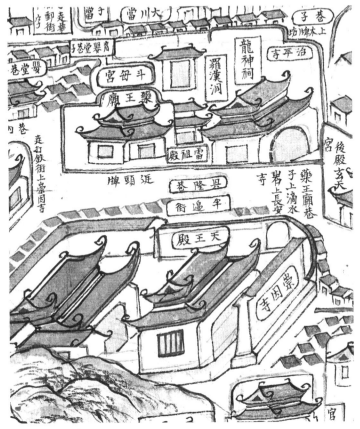

圖9　雷祖廟

　　勘得：張元福被毀摟處，係在治平坊雷祖廟。對戶
有鋪面排連三間，門窗戶壁悉行打毀；動用家俱什
物等件，並無遺存，被摟去銀錢衣物，無憑查看。
勘畢。

雖然內容簡單，卻明白寫出案發地點與格局，同時確認現場遭竊情況。

現存的傳統民居，多為大戶人家，或是使用建材較佳的建築物，才得以存留至今，大部分未能保存下來的民居，多因後代無力保存，或是建材不佳的情況而毀壞、消失。這些勘單的價值，就在於記錄了不少一般平民老百姓住宅的樣式與建材，也使得後世研究者能進一步了解這些小偷何以進入行竊。

從勘單的記錄與整理，可以知道當時一般民居的格局以一進或一向為主，中間為堂屋或中堂，兩側則為廚房與臥室。如住在城內蓮花坊邱家院的周宗德，其住居為「一向三間」的瓦房，中間是堂屋，兩側是臥室與廚房。張善濤的住居則是「一連二間」的小院房屋，一間是堂屋，一間是臥室，並未記載廚房。

若是較大格局的，則如住在臨江坊七星坎的姚定邦，其住所為一座「正向三間」的瓦房，中間是堂屋，後又有「廈子」一間，是小妾的房間，右邊房間是佃主唐姓所住，左邊房間另外隔成兩間，一間是廚房，一間是姚定邦夫婦所住。另外，住在百子巷石家院的賈正順，其住所則是「瓦

屋，一連五間」；住在藥王廟側邊的陳大猷，其住所為「一連四間」的瓦房；住在朝天廡的龔聯陞，其住所雖然是「一向三間」的瓦房，但「第一間隔作三間」。

少數是擁有重堂的格局，如住在天上宮隔壁，位於順城街上的翁澤厚，其住所是具有「重堂兩進」的瓦屋，還有「天樓一架」，也就是加蓋到二樓的格局。亦有周圍環繞垣牆的情況，如住在陝西街的蘇明德，雖然是「瓦房一院」，但「週圍俱有垣牆」。

店鋪的兩進格局

相對於一般民居以一進為主的格局，店鋪則多為兩進，前一進為櫃臺或店面，後一進則為倉庫或作坊的功能。如余復興在關廟街上的鋪面，根據書吏調查的格局如下：

> 余復興被竊處所，街名關廟，較場口新建鋪面一間，隔為兩進。前係櫃房，後安高爐，左壁側有小門一道，順壁接近中柱窖有石礄一個，全幅夾壁竹片，內俱灰泥，外因鄰現修造，未及泥糊。……

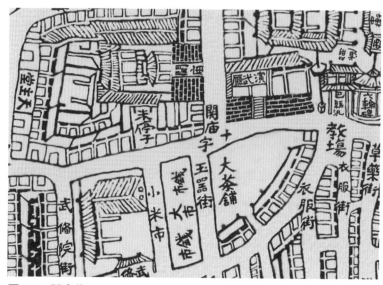

圖 10　關廟街

根據余復興的自述,其開設的是一間「銀錢傾銷鋪」,也就是為顧客熔鑄碎銀的作坊,因此顧客來店時在前一進的櫃臺接洽,熔鑄工作則在後一進的高爐處進行。或是如鄭長盛位於神仙坊米花街的「蘇貨鋪」,「前係鋪面、櫃房,擺列貨物,後係鄭長盛夫婦臥室」,均是屬於前後兩進的格局。

格局較大者,如新豐街的蕭恆山、蕭恆豐合夥開設的雜貨鋪,「第一進係櫃房,第二進係堂屋,第三進係廚房」,另外還有「天樓一座,係蕭恆豐夫婦臥室」。或如劉源森位於米花街的棉花鋪,亦為一向三進、上有天樓的鋪面,第

一進為設有櫃臺的鋪面，第二進為堂屋，第三進則為劉源森夫婦的臥室。

另外還有較為特別的情況，如劉源興與楊銓盛合夥開設於斷牌坊的「銓盛長錢鋪」，是位處於一間瓦屋面對街道的部分，其內則是一間「榮發和藥號」，像是兩間店鋪共用同一間瓦屋不同部分。

客店的多間格局

同樣是開門做生意的店鋪，客店因為其功能而又與一般店鋪不同，為多進多間的格局。如劉萬源開設在磁器街的萬源棧，因為房客馬義興被偷東西，報案後由書吏前來調查。根據書吏調查出來的建築格局如下：

> 馬義興被竊處所，地名演武廳側左挨磁器街萬源棧，重堂三進，上一進。樓上中堂，劉萬源安有神龕。馬義興歇宿挨左樓第二間，房圍內安木床三間、木棹一張、小木櫃二個。……

圖 11　演武廳

　　這間客店屬於「重堂三進，上一進」的兩層樓格局。重慶
最著名的客店，大概就是阮聯陞於新豐街所開設的聯陞棧，
有「全院重堂四進，週圍垣牆」的豪華格局。不過諷刺的
是，聯陞棧不僅有圍牆，而且還與巴縣衙門、重慶府衙等
官署位處同一條街，照理來說應該是相當安全，但事實上
聯陞棧在七年之內，就至少發生七次的竊盜案件，而且還
不包含沒有報案，或是報案資料沒有保存下來的情況。

　　雖然客店遭竊的情況層出不窮，但實際留下來的勘單
卻不太多。從現存的勘單來看，客店的格局較一般民居與

店鋪為大，也較多進，自然是為了增加廂房，盡可能地招收大量的房客入住，增加實際獲利。

【 破門潛入 】

從現在所見的資料來看，不管是哪一種格局的房屋，小偷如果想要闖入行竊，大概可以分成破牆、破門、從天而降三條路徑，並隨著建材的不同而有手法的差異。

最常見的大概是破門，這邊指的並非小偷大腳一踹，把大門一腳踹飛的那種破門，而是以破壞門鎖、挑開門閂等方式讓大門洞開。當然小偷在犯案的當下並不會有目擊者，這些行為都是從被害人在告狀裡的推測、書吏在勘單裡的調查結果，或是小偷在口供裡的自白內容得知。

住在神仙坊的劉義和，這一天因為臨時有事情而出門，妻子陳氏也帶著幼子回到娘家探望家人，出門前還記得「將門關鎖」。這是一個難得全家都出門的一天，結果當天晚上就被小偷以「拗斷門扣」的方式闖入家中行竊。

不過比起破壞門鎖，破壞門閂的技術門檻會比較低，只要使用簡單的工具就能做到。在神仙坊開設「振茂機房」

的文生吳燦然，某天晚上被小偷以「刁開門閂」的方式打開大門，偷走各式衣服。在金紫坊開設「福隆棧」的狄朝忠，又與熊萬順合夥開了一間煙館，兩間店的收益與貨品都存放在煙館裡面。某天晚上被小偷以「由鋪板隙用鐵絲鉤開門閂」的方式打開大門，進去偷走銀錢、貨物，損失慘重。在後伺坡居住的劉坤、王貴等人，在某天晚上都被小偷接連以「用鐵針撥開門閂進內」的方式偷走家中財物。

　　千奇百怪的竊盜案件自然不乏有異想天開的手法，破壞大門的方式也不會只有這兩個。住在五福街的西城里快役李柱，這天晚上因為在衙門辦公而不在家，結果住家後面的槽門被小偷燒開一個洞，鑽進去偷了許多衣物與飾品。根據書吏前往調查的結果，這位不知姓名的小偷一開始是先撬開槽門旁邊的板壁後鑽入，接著用火燒開槽門內部的耳門，再撥開堂屋的門閂，最後把臥室的門扇整個卸下來。這位小偷一步步運用不同的手法破壞阻擋在眼前的各式大門，堪比破壞門扇的教科書，不過這也得益於李柱家裡沒有人的情況，讓小偷能好整以暇地逐一擊破。

‖破牆而入‖

　　現代社會因為建築大多以混凝土與磚頭做為外牆，因此如果小偷想要入內行竊，只能拿出電影裡的那種大型破壞工具，咚咚噹噹地敲上好一陣子，才能打出一個足以鑽進去的小洞，因此首選多半為大門，至少不容易發出聲響，所需器材也能隨身攜帶。傳統中國的情況就不太一樣，因為建材的限制，竊盜案件之中不乏破壞牆壁的手法，而這些被破壞的牆壁，大概是篾壁、泥壁、板壁等相對脆弱的材質。

　　在城外朝天廂雞街開設油蠟鋪的劉義興，某天晚上被小偷趁著所有人都熟睡的時候，以「用刀割毀篾壁」的方式進內，偷去衣服與一些銀錢。住在太善坊的監生孫芳載，某天晚上被小偷以「撬開篾壁」的方式進入住家後面的廚房，再轉進臥室，偷走一些衣物與日常用品。苟義興向舉人張循亭租了一間在華光坊的店面開設錢鋪，因為害怕小偷從隔壁的空店面闖入，還常常拜託坊捕加強巡邏，結果某天晚上仍被小偷從隔壁的空店面，以「刁開板壁」的方式進入行竊，在櫃房偷了不少存放的銅錢。向儲奇廂坊差

張太租房居住的楊太平，某天晚上被小偷以「撬開板壁」
的方式闖入行竊，偷走洋布衫子、線綢馬褂、嗶嘰被面、
煙土，以及其他東西。

　　所謂的篾壁，指的是以竹子為主要材料的牆壁，講究
一點的會在外面糊上一層泥。以竹子做為牆壁的材料，是
重慶就地取材的建築方式。根據地方志的記載，重慶盛產
慈竹、黃竹、桃竹等十三種竹類植物，不僅可以做為建材，
也能編造成竹籃或搭建竹棚。同時，篾壁除了做為外牆，
有時也會做為房屋內部隔間。在通遠坊向保赤所租佃田土
耕作的黃壽亭，某天晚上被小偷以「由廚房外撬門入內，
復撬私堂屋門，割開臥房篾壁」的方式偷去臥室的金飾與
衣物。

　　當然並不是每一棟民宅店鋪都是使用這麼脆弱的材
質，也是有磚牆或土牆的情況。住在後伺坡的工房經書余
輝東，某天晚上被小偷由廚房以「撬去磚牆」的方式闖入
室內行竊，書吏前往調查時，也證實磚牆有撬毀的情況。
不過這種情況比較少，可能是比較少人採用這種建材，或
是因為小偷比較不容易下手，也就不會被偷、成案，而被
後世的研究者所見。

　　然而，這些小偷通常都是使用什麼器材進行牆壁或大門的破壞工作呢？如同前面提到撥開門閂的工具，至少就有鐵絲、鐵針、鐵尖刀。在巴字坊川東道署前開設綢緞行的吳福昌，某天晚上被小偷闖入行竊，隔天早上起床才發現，檢查了一下被偷的東西時，在現場發現小偷遺留的「鐵鉤一個、鐵片一塊」，很有可能就是隨身攜帶的做案工具。從其他的案件，也可以看到小偷做案的工具還包括了夾剪、攢尺、鑽子、通關鑰匙、順刀等可以用來破壞篾壁、撬開鐵鎖、刁開門閂的好東西。

從天而降

　　小偷典型的手法大概就是從大門或牆壁進入，但是還有另一種從平面到立體的情況，就是如同飛賊一般地從天而降。這自然不是異想天開地搭乘風箏一躍而下來個超級英雄式落地，而是從屋頂或是天樓進入房屋內部行竊的手法。

　　住在楊柳坊的鍾泰先，某天晚上被小偷以「揭開屋上瓦片」的方式進內，偷去不少衣物，揚長而去。因為太平軍西進而來到重慶城避難的周寶守，其在神仙坊的住家在

某晚被小偷以「由房上入樓」的方式進內，偷去不少首飾與衣物。在新豐街合夥開設雜貨鋪的蕭恆山與蕭恆豐，某晚被小偷「由櫃臺扒上天樓，翻窗子進內，轉下櫃房」，偷走許多衣物與首飾。

然而，不管是一層樓的平房或是兩層樓的透天厝，相信都有一定的高度，小偷是如何攀附而上？居住在朝天坊曹家巷正街，與秦氏夫婦相鄰的寡婦楊胡氏，某天晚上因為秦氏夫婦與其家中雇工均不在家，便被小偷「由伊曬樓翻上，直至氏房上獅子口窗眼」，由此鑽進臥室之中行竊。在臨江坊橫街開設油鋪的明興發，某晚則被小偷「由鋪左邊柵欄上房，揭瓦挖桷，進櫃房」，偷完衣服與銀錢之後，從大門口大搖大擺走出去。這些小偷大概也是觀察了周遭環境，加上矯健的身手，才能以這種方式從天而降，偷個被害人措手不及。

同樣利用現地環境進行臨場應變的，還有使用梯子的情況。住在南紀坊的錢萬選，某天晚上全家睡熟的時候，被小偷「搭梯翻窗」進入臥室內，偷走許多銀飾與衣物。住在後伺坡的懷石里快役馬貴某天晚上被小偷闖入，其手法是先「端鄰居門板作梯」，再「扒上院牆，直踩涼棚」，

但這位小偷沒注意到涼棚的承重力不大,隨即從涼棚摔下,驚動了馬貴與鄰居。不過小偷相當機警,落地後馬上向外狂奔,一瞬間就不見蹤影。

更有甚者,還有就地取材。在太平坊開店做生意的貢生高魁盛,某天晚上全家睡熟的時候,有小偷「由店後矮垣用竹竿一根、木料一根作梯,翻入櫃房」,亦即利用現場的竹竿與木材簡單架在牆上做為梯子,偷去三百多兩的銀子與一些日常用品,損失慘重。經高魁盛查看現場後,發現小偷臨去之時,游刃有餘地篩選了一下贓物,丟棄了布襪、汗衣等價值不高的東西,還留下「銅鑼三把、鐵火鐮一把、火紙筒一個」。

神奇的手法

正如前述,小偷做案的時機,較多是在全家無人或熟睡時,但如果要守株待兔的話,會耗去過多時間成本,同時也增加失敗的風險。因此技術比較高超的小偷,會運用一些輔助性的神奇手法,讓自己有機會可以破窗、破門,或是從天而降。住在蓮花池董家院的文生杜廷澤,向衙門

自稱前一晚被小偷以「用藥迷惑」的方式行竊，但捕役與書吏前往勘查時，並未發現被竊的情況。住在朝天坊天上館的蕭鴻春，某天晚上被小偷先將門割破一個洞，再使用「悶煙」讓全家陷入昏迷，進而行竊。

另外也有如同《鹿鼎記》韋小寶一樣使用蒙汗藥的手法。任壽亭、張香圃等人偶然看到何其誠身懷銀兩走過倉平街，便上前搭話，並邀去喝酒，「酒內放有悶藥，把其誠醉迷不醒」，兩人趁機就將銀兩拿走。

在定遠坊開設油鋪的黃全興，某天受託挑著四百多觔的菜油去張大人公館，在路上遇到朱九等人搭話，邀去茶館喝茶聊天，結果朱九等人「暗用何藥，放至茶內」，黃全興喝下茶便昏睡在桌上，醒來時菜油已經不翼而飛。又如以教讀為生的文童王吉六，某天走在路上，被某人以「代寫文字」為由，邀至茶館裡面，並招待王吉六抽煙，想不到「煙內藏悶藥，以致中毒昏迷」，後來更將王吉六架至僻靜處毆打，洗劫身上所有的財物。

除了用悶藥讓全家昏迷之外，也有先解決看門狗的方式，配合上熟睡中的家人，在被害人毫無防備的情況下行竊。在東水坊賣鴉片維生的秦祥興，某天晚上被小偷「將

犬毒斃,即端門兩道入臥室」,竊去煙土、銅錢、水煙袋等
物品後逃逸。

還有一種調虎離山之計。胡大正某天被一個叫淦得成
的人,「以相法哄惑套出,約學習課算」,趁著胡大正外出
時,由同夥進入其位於客店「萬盛店」的房間內行竊。

剪絡掏摸

除了上文所述的各種入室行竊的案件之外,也有一些
是在擁擠的人潮之中,被順手牽羊、妙手空空的情況,而
這種行為在當時的法律上被稱之為「掏摸」,一般多稱「剪
絡」、「絡竊」。

監生張澤厚某天帶著銀兩進城辦公,經過縣廟時,因
為「演戲擁擠」,便被小偷「乘勢將身穿過山籠內銀兩,如
數絡竊」。金茂興進城前往「集祥藥鋪」收取貨款,並將銀
錢收進過山龍囊內,行經新鼓樓,「時值演戲,人多擁擠」,
冷不防被某人「兌擠一下」,隨即就被竊去銀錢。

汪國祥進城清償債務時,行經東華觀,「正值演戲」,
突然有幾個人迎面走來,擦身而過之際,「將胸掛銀牙簽及

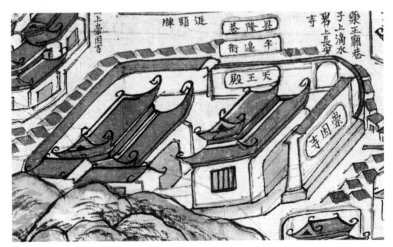

圖12　建於宋代的崇因寺，又稱長安寺

囊內穀銀一並絡竊去訖」。在曹家巷開設雜貨鋪的劉朗廷帶著銀兩準備前往較場的傾銷鋪「轉火」，也就是將碎銀熔鑄成銀錠，途經長安寺，「時適當街演戲，聚積多人」，突然有陌生人擠到劉朗廷身邊，隨即將其攜帶的銀兩全部偷走。

對小偷來說，在做案現場需要選擇的，不僅是這些依照現況靈活變化的手法，選擇標的物的眼光，也會是一門相當重要的技巧，而兩者的相輔相成，就會讓小偷在實際操作上更能得心應手。

第四步

選定竊取標的物

　　在神仙坊米花街開設蘇貨鋪的鄭長盛，這一天才剛出外批貨回來。留守的雇工李貴一邊清點著老闆批回來的貨，一邊勸說著老闆，雖然這是一間「蘇貨」鋪，但也不一定真的要親自搭著船，順流而下，直達蘇州當地批貨，不僅徒增成本，路上還有不少風險。就近到武漢批貨就好了，反正從蘇州一路賣過來到武漢、重慶，也是一樣。

　　鄭長盛解下貼身包袱，取出幾張銀票，叫伙計去關廟街上的山西票號換錢，好打發外面那幾個等著拿錢的挑夫，並且囑咐小心前來搭話的陌生人，離開重慶之前才聽說有

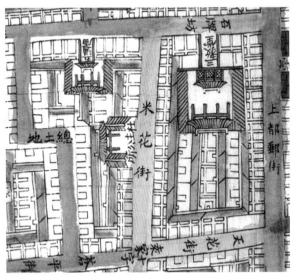

圖 13　米花街

賣油的在茶館被下藥。伙計大聲答應，說著關廟街離這裡沒有很遠，去去就來。

鄭長盛轉頭向李貴說，全天下最好的貨不是在京城，就是在蘇州，其中蘇州的「蘇樣」又比「京式」來得特別。蘇樣的特別就在於花樣、款式多元，揉合了杭州、揚州、甚至是江寧、鎮江的風格，變幻無窮，最近很多洋人進來，蘇樣就比京式還早加進洋人的玩意兒。

鄭長盛翻了翻行李，拿出一件天青寧綢皮套，還有蘇眼鏡盒、蘇匣子水晶平光眼鏡，李貴眼睛都亮了起來，心想這些東西成套地賣，肯定很多文人雅士願意掏錢，穿在身上走出門，多有品味。

鄭長盛得意地說，這些東西如果不直接去蘇州批，要等多久才會到武漢、到重慶？接著又拿出一頂京氈帽和一雙緞京元鞋，批評著這款式已過時了卻還在賣？即使如此，現在重慶城還是很多人搶著買，畢竟是京城的款式，有些人想討個升官中舉的吉利，這京城的東西還真不能少。像軍機褂都已經是乾隆爺時候的款式了，現在路上還是一堆人在穿，在收舊衣的估衣鋪裡價格仍是居高不下，舊衣都能當新衣賣，還不是看上軍機褂這個款式象徵的意義。

這天晚上，鄭長盛躺在店鋪後面的臥房裡，想著這次批回來這麼多的東西，除了蘇貨之外，就屬那批洋貨最值錢。最近府試要開了，那兩個呂宋來的水池子肯定很多考生會感興趣，順便再推銷一下那幾付水晶眼鏡和墨晶眼鏡，送禮、自用兩相宜，這趟去蘇州大概就值了。至於那幾個洋來水晶球、西洋鏡、金表墜，價格大概不能太低，先叫李貴去幾位老爺家探探口風，直接送到府上，就不擺出來賣了。

鄭長盛就這樣一邊盤算著如何銷售這批遠從蘇州運回來的商品，一邊禁不住長途跋涉的疲勞而沉沉睡去。

隔天早上起床，鄭長盛發現店鋪大門洞開，心想不妙，果然有兩大包貨物不翼而飛，連忙叫剛踏進店門口的李貴幫忙清點店裡被偷走的東西。兩人算一算，大概損失了價值兩百多兩的貨品，鄭長盛一邊叫李貴條列一下失竊物品的清單，一邊出門在附近看看有沒有小偷的蹤跡，卻發現後院小巷內「遺有燃過香籤，遍地上遺有人糞一堆」，深深覺得今天的自己真是倒楣，明明外面就有柵欄，為什麼偏偏就在這天晚上遭小偷了呢？

開設蘇貨鋪的鄭長盛，被偷了這麼多東西，其中自然

不乏蘇州來的商品，或是一些時尚流行的精品，這是相當符合其從事商業買賣的商人身分。然而，什麼樣的人家中會有什麼東西呢？如果從小偷得手的贓物之中如何能看出當時民眾的生活水準？

此外，即使是經過縝密計劃、長期蹲點而進行的偷竊行為，一旦進入犯案現場，肯定也是要在最短的時間內完成，否則徒增風險。因此，對一個小偷來說什麼東西是他的首選？哪些東西是連想都不用想，一定要偷的？這些被偷的東西往往有什麼樣的特徵？選擇竊取的標的物可能就是一門藝術了。

失　單

一般的史料大概很難反映出贓物的種類，畢竟這不是什麼重要的事情，但現代研究者之所以能夠知道，也是得益於這些被害人在報案時隨著呈狀附上的「失單」。所謂的「失單」，指的是被害人在遭小偷之後，清點自己被偷的東西，列成一張清單，附在呈狀後面，交給知縣。這張失單的作用，一方面佐證自己真的被偷，一方面可在成功抓到

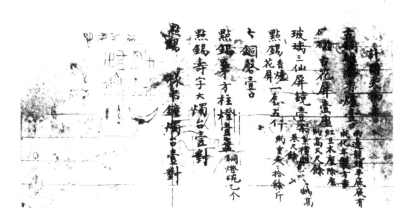

圖 14 失單，失主將遭竊物品列在有圖樣的花箋，搭配失物，可以
　　　看出失主的品味

小偷之後，做為用以認領自己東西的憑證。

　　失單並不像一般的呈狀有固定格式，甚至還得購買衙
門公定的狀紙，而是一張普通白紙羅列即可，也有的被害
人是直接寫在狀紙空白處，還有讀書人被偷之後，「隨手」
拿了一張相當講究的花箋寫成失單。

　　失單也沒有規定要寫什麼，大部分的情況是列出物品
名稱與數量，像是「銀手鐲一對、銀簪子一支、藍布衫四
件、銀五十兩」。有的則是會自行估價，並將價錢標註在物
品之後，像是「古銅墨盒一個原價銀一兩二錢正、腰刀一

把原價銀四兩正、湖南皮靴一雙原價銀一兩四錢正」，最後可能還會結算出一個總價，像是「以上失物價值總共陸拾壹兩貳十正、錢拾陸千五百六十文」。

開立失單的被害人被偷了什麼東西，也只有被害人最清楚。這個時候就會出現一些風險與弊病，像是如果被害人呈上失單後才發現有些東西忘記列上去的時候，能不能補列？或是如果被害人心懷不軌，想要趁這個機會偷偷列入一些高價的物品，事實上並沒有失竊，或根本就是虛構的，這樣可以嗎？

清代的法律大概也都設想過這些問題，因此允許被害人呈上失單之後的五天內追加失竊物品，但必須要註明補充的時間，以便日後查核。另外，如果被知縣發現有浮報、偽造失單內容的情況，被害人還是會被判刑，並不會因為被偷而受到憐憫。

什麼樣身分的人家裡會有什麼東西，這種觀念知縣也大概都有，雖然這有點近似於心證的刻板印象，卻往往是知縣判斷被害人是否說謊的依據。因此當知縣收到被害人的呈狀，並檢查其附件的清單時，就會比對其合理性。如果出現不符其身分的物品，或是認定這個人根本不可能被

偷這麼多財物，知縣往往會直接駁回被害人的請求，或是命令被害人重新呈狀說明這些財物與自己的關係。

寡婦李祝氏某天出城算帳，徹夜未歸，想不到當晚街道失火，家中被人乘火打劫，偷去一口裝有三百多兩白銀的木箱。李祝氏返家後發現遭竊，隨即呈狀告官，並在呈狀內宣稱被偷的三百多兩，是亡夫開設米鋪辛苦積存下來的遺產。

知縣收到呈狀之後，覺得不太合理，便懷疑李祝氏聲稱的木箱是否存在？箱內是否存有銀兩？為何家中藏有大筆財物卻毫無設防？平常靠什麼維生？便命令李祝氏重新呈狀釐清這些疑點。若能講清楚，說明白，知縣才願意啟動後續的緝捕程序。

幾天後，李祝氏再次呈狀，坦承被偷的三百多兩白銀之中，僅有五十兩是亡夫的遺產，其他都是別人存放的銀兩，並開列名單與數目，總計十餘位商家與個人。不久這些「儲戶」紛紛出面呈狀，證明李祝氏所言不虛。

當然像李祝氏這種乍看之下相當不合理的損失，知縣自然會要求自證，相信也會有不少被害人或多或少在失單之中有灌水的嫌疑。但即使如此，被害人也不會笨到提出

不合理的失單內容，導致自己的案件被知縣駁回。

　　雖然現在已無法查證這些被害人是否真的被偷了這些東西，但即使有灌水、虛報，也不太可能出現不屬於那個時代的物品，若有過度不合理的情況，也會被知縣揪出。因此這些失單資料一定程度仍能反映出當時民眾的日常用品與生活水準，也能看到一些趨勢與傾向。

竊盜物品的特徵

　　經過統計與歸納之後，可以發現當時民眾被偷的物品，往往有價格好、重量輕、好攜帶、易銷贓的特徵。根據之前的介紹，當時的小偷之所以行竊，原因大多是為求溫飽，而非劫富濟貧，或是磨練手藝。所以既然偷到東西，就是換錢或是自用，自然不會想去偷一些不值錢、帶不走、搬不動、賣不掉的東西。

　　在這些目前可見千奇百怪的竊盜贓物之中，可以看到最常被偷的就是服飾與貴金屬製品，而且種類、款式相當多樣。以下是檔案裡的一則實例。

　　這天晚上，小偷趁著住在東水坊的黃大順臥病在床之

際，闖入臥室行竊。黃大順抱病清點損失，準備呈狀，並羅

列清單，懇請知縣協助緝捕小偷。黃大順開列的失單如下：

銀伍拾餘兩。

錢貳拾五串。

煙土生熟共五百六拾兩。

皮袍子一件。

青布皮馬袴一件。

豆色湖縐棉袍一件。

湖縐夾衫一件。

白湖縐單衫一件。

白綢中衣一條。

藍綢中衣一條。

藍布單衫一件。

油燈布夾衫一件。

金簪一隻。

金耳環一隊。

金箍一隊。

銀簪一隻。

　　　　銀耳環一隊。

　　　　銀牙籤一付。

這些失單與其他公文書一樣，不乏同音字或通同字，如「一隊」實為「一對」，「一隻」通同「一支」。從黃大順列出的清單，可以明顯看到這十八項失物之中，衣服占九項，貴金屬首飾占六項，其他則是銀兩、銅錢與鴉片。

　　衣服雖然隨著品質與用料導致價格有高有低，卻是相當容易變賣的物品，在路邊就能向行人兜售。在重慶城賣南瓜子為生的劉長發與張二，某天經過裕春毛貨鋪時偷走一件狐頭皮馬褂，並且在三聖殿街口四處向人兜售，結果被巡邏的坊捕發現而逮捕。

　　除此之外，也能直接轉賣至類似於現代二手衣店的估衣鋪，因此被害人與捕役往往能在估衣鋪清查到被偷的衣服。重慶府衙的捕役任玉某天遭竊，不久便在較場吳順祥衣攤發現自己遭竊的寧綢單套、青布女夾衫，捕役詢問老闆吳順祥，才聲稱是從田麻子手上買來的。

　　如果得手的贓物之中有合適的衣服，小偷也會直接穿在身上，卻往往因此被人贓俱獲。住在通遠坊的喻興發某

天晚上遭竊，幾天之後在較場看到皮匠張洪發身上穿的那件皮馬褂正好是當時遭竊的那件，便通報捕役前來抓人，張洪發被捕之後才支支吾吾地坦承行竊。

衣服雖然不一定價格好，但相當容易銷贓，而且小偷要帶走的話，問題也不太大，最多就是綑成一大包，背在身上逃走。即使看到順眼的衣服想自己留著，也是相當實用。

從被偷的衣服之中，還能看到許多當時流行的款式，像是揚州流行的「八團」，包括八團女馬褂、八團花寧綢套子、八團花線縐夾馬褂、八團花線縐馬褂、小毛八團緞馬褂、寧綢八團花綿馬褂。同樣在江南的則有蘇州的「蘇樣」，如蘇布、蘇月布、蘇青布、蘇寶布製成的衣服。與蘇式分庭抗禮的流行中心，還有北京的「京式」，像是京元鞋、京靴、京頂、京帽、京氈帽，或是軍機馬褂、綠布巴圖魯背心、皮馬蹄袖等。

重慶距離北京、蘇州、揚州等時尚中心遠達上千公里之遙，卻能引進這些商品，甚至能成立像蘇貨鋪這樣的專賣店。這樣的情況實在得益於清代運用高效率的水運系統與特殊的商業手段，克服了當時長距離、低技術的障礙，越過各種區域之間的界線，從而形成一個全國性的市場體系。

　　相對於薄利多銷的衣服，價格高昂的貴金屬飾品也是相當受到小偷歡迎的，因為這些東西囊括了價格好、重量輕、好攜帶、易銷贓的特徵。

　　相對於金飾，銀飾會比較常見，並多為小型飾品，像是銀耳環、銀簪、銀挖耳、銀圈、銀邊花、銀環、銀花、銀箍、銀藤、銀如意、銀牙籤、銀戒指、銀圍、銀頂花、銀鐲、銀吊子。從這些品項來看，以婦女的頭飾為主，反映出清代婦女的髮髻風尚，也說明了重慶婦女群體不可小覷的消費能力。

　　金飾亦多為婦女使用的飾品，如金簪子、金耳環、金耳墜、金耳包、金挖耳、金圈子、金牙籤、金荳牙腳環子、金飄帶挖耳、金管簪、金如意、金蘭花寶劍、金琵琶簪、金戒指、金挑子、金勒花、金玉鐲、金洋鏨環子。

　　然而，為何銀飾相較於金飾更容易成為小偷的贓物呢？雖然兩者均屬於貴金屬，但白銀的價值較黃金為便宜，入手門檻也相對更低，同時也都有保值的作用，便成為大多數人的選擇。口袋比較深的人，則可能選擇黃金製成的飾品，亦能展現身分地位。

竊盜物品與日常生活

從被竊的物品也反映出當時人的日常生活特徵，例如鴉片的流行。從黃大順的失單中可以看到「煙土」，也就是鴉片。正如以往歷史課本所言，清末中國鴉片氾濫成災，鴉片的吸食與買賣早已經是一種日常，也因此小偷得手的贓物之中亦不乏鴉片的存在。再舉兩則實例如下：

從江安縣教諭一職退休回到重慶城觀井巷居住的張文思，某天發現自己家中的物品遭到幫工鄒榮發、鄒吳氏偷走，憤而告官，其失物除了銀錢與幾件衣服之外，還包括「南土八十八兩、熟煙十六兩」。在巴縣縣衙外面開設銀錢鋪並販賣鴉片為生的懷石里總役劉太，某天便遭小偷竊去「南土煙泥二封」，價值白銀五十餘兩。其中的南土與熟煙，指的就是鴉片。

除了鴉片被偷之外，相關器具也是小偷的目標之一。在華光坊開設煙土鋪的陳萬發，某天晚上便被小偷帶走了「紅錢四釧、煙鎗一桿、煙土半碗、煙燈二盞」，幾乎可以想像小偷拿走整套器材之後，會先找個地方吸兩口再走的畫面。

　　從被竊服飾布料的顏色，也反映當時人穿著的顏色。如在重慶城內開設染房的劉永隆，某天向傅姓商人批了二百餘觔的靛，並約定好中秋結帳，但還沒到結帳的時候，甘洪等人就手持單據前來討錢，劉永隆因為手上沒有現款，便讓甘洪等人留宿。劉永隆隔天早上出門換銀的時候，甘洪等人便直接搬走染房內的布疋。劉永隆報案時開立的失單之中，便以「彭義元，白大布乙疋。游大順，洋藍大布乙疋。尹吉山，二藍油中衣乙條」等方式羅列其遭竊去的物品。由此可見，劉永隆的染房是以收受他人委託染布的業務為主。

　　劉永隆開立的失單之中，絕大多數的布料均是藍色，原因在於當時的染料以藍靛為主，以致於不僅是布料，一般民眾常穿的衣服也以藍色為主。清末隨著丈夫立德樂 (Archibald John Little) 到重慶的立德樂夫人 (Alicia Little)，將其在重慶的見聞寫成《藍色長袍的大地》(*The Land of the Blue Gown*) 一書，也反映出立德樂夫人對於中國最為深刻的印象，即是大批穿著藍色長袍的民眾。

‖ 陳列的商品 ‖

　　鴉片鋪會被偷鴉片，蘇貨鋪也會被偷蘇州來的好東西，什麼樣的店就會被偷什麼東西，以致於現在可以透過這些失單，了解當時的店鋪都會陳列什麼樣的商品。

　　在太平坊開設裱褙鋪的伍文萃，因為無法忍受幫工任邦軒長期以來挪用公款的行為，便將其開除出鋪，結果任邦軒趁著伍文萃出外時，將店內的商品全部偷走。伍文萃事發之後開立的失單之中，便不乏「晴皋畫單條二張、橫披字畫三張、黃慎人物拆頁一本、天下萬國九州畫拆頁全圖一本」這些需要裱褙的字畫、書籍。

　　在較場開設古玩鋪的白玉發，某天被謝五大爺、陳二大爺等人勾結鋪內學徒馬春芳行竊，白玉發隨即呈狀告官。從白玉發開立的失單，便可看到琳瑯滿目的精品：

　　　瑪瑙鼻煙觥寶石金蓋大小二個，去銀拾二錢。
　　　翠玉鼻煙觥寶牙喜蓋金銀三個，去銀拾九兩。
　　　翠玉班支四個，去銀九兩。
　　　翠玉鐲二對，去銀貳拾一兩。

> 正宣鑪二個，去銀八兩。
>
> 象牙筷四席，去銀九兩六錢。
>
> 沙市煙袋三根，去銀二兩四錢。
>
> 大呢皮馬褂一件，去銀四兩五錢。
>
> 老銀拾兩零三錢五分。

光是這份失單，總計價值將近百兩，損失相當慘重。其中的「正宣鑪」，指的是明代宣德年間製作的銅鑪，但後世仿作品相當氾濫，而這裡看到兩個正宣鑪也才八兩，很有可能並非真品，反映當時古董文物仿製品的盛行。

竊盜物品與社會身分

知縣能從失單的合理性與否，判斷被害人是否說謊，其合理性就取決於被害人擁有的東西是否符合其身分地位。如果是一窮二白的人，自稱被偷了五、六樣金飾，知縣很有可能會認為對方意圖詐欺，但如果是一個退休官員做此宣稱，知縣大概就不會有什麼懷疑。

住在紅岩坊江家巷的呂西安，父親是曾任陝西長安知

縣的呂式古。父親病故之後，呂西安帶著母親遷往重慶城定居養老。這天呂西安出城渡江，前往鄉村收取田租，返家後才知道家中遭竊，清點了損失之後，呂西安並沒有馬上報官。不久之後，呂西安在較場發現被偷的字畫，便將店老闆涂萬順抓到衙門投案，並呈上告狀與失單。

從呂西安的失單中，可以看到不乏摺扇、圖章、端硯、筆筒、荷包、字畫、畫冊、七絃琴等名人雅士在書房之中的標準配備，展現出一個書香世家的品味。另外值得注意的是，失單之中列出了被偷的《大清會典》一部、《福惠全書》一部，這兩部書是一個知縣必備的重要工具書。

《大清會典》是記載國家各項制度的書，整個清代推出了康熙、雍正、乾隆、嘉慶、光緒等五個版本，不同時代皆因應制度變化而有修正，做為一個官員自然是要掌握國家制度才能順利施政。《福惠全書》則是康熙時期擔任山東郯城知縣的黃六鴻於退休之後，匯整自己從政的經驗，按照一個新任官員從就任到離任的過程，分門別類地說明每一個步驟，其中穿插一些公文書的格式與範例，以及黃六鴻自己的經驗，可說是一本讓菜鳥第一次當官就上手的參考書。

　　呂西安被偷的這兩本書，可能是當年其父親就任時帶在身邊的重要工具書，隨著離任、逝世，而跟著呂西安帶來重慶城。

　　官員家裡會有當官用的參考書，還沒任官的考生自然也有應付考試用的參考書。重慶城定期會迎接大批參與考試的文武考生，自然也不乏被小偷順手牽羊的情況。例如來到重慶城準備應考的文童瞿鳳陽，某天晚上住在客店時，被偷走行李，隔天早上起床發現之後，隨即告官。從瞿鳳陽呈上的失單來看，除了「筆四支、水精眼鏡一架、墨海一個」之外，還有「文章八部、《四書講書》一部、《五經講書》一部、《詩韻集成》一部」，均是準備考試的參考用書或作文範本。

　　另外一名準備前往成都參加省級考試的涪州童生陳訓典，途經重慶城暫做歇息的時候，也被偷走身邊行李。從其呈上的失單之中，可以看到除了文房四寶與一般隨身行李之外，還有「《五經備旨》一部、書寫文章、《四書朱子合纂匯參》一部」，同樣也都帶著考試用書。

　　這些考試用書在坊間相當容易買到，畢竟當時有很大比例的成年男性投入考試，既然有這方面的需求，這個市

場自然是很大。而當時考試的科目以四書五經為主，相關的參考用書自然不少，不同出版社就會推出各種註釋與作文範本，供考生閱讀、練習。因此上述兩位來自不同地方的考生，雖然行李都有與四書五經相關的參考書，但書名各有不同。從《四書朱子合纂匯參》的書名，也能感受到出版社為了刺激買氣，在書名上突顯其匯整各家註釋的優點，這種推銷策略自然也反映出商業出版在這方面的競爭關係。

第五步

銷售贓物的管道

　　在家鄉待不下去而前往重慶城謀生的李蝦蟆，在路上想著自己接下來到底要往哪裡去？以前沒機會讀書，也沒認真耕田，真正有的就只有一副生來強壯的體格，想來想去就只能做點體力活，走一步算一步。

　　李蝦蟆好不容易來到重慶，看到高聳的城門，心中不禁一悚，從沒看過這麼高的城門，還以為是哪間廟的山門這麼大。爬上大階的樓梯，跟著眾人走進朝天門，穿過接聖街、聖旨街、新街口、小十字。走在大城市之中，李蝦蟆不禁覺得茫然，也不知道該去哪裡，只好又回到城門邊待著。

　　幾天過去了，李蝦蟆心中感到失望，沒有同鄉的協助，周遭也都是一群說著自己聽不懂的方言的人。但是有些時候會看到很多跟自己一樣衣衫襤褸的人到處移動，李蝦蟆感到好奇，也許是善心人士在發饅頭救濟，便跟著人群走。

　　走到碼頭，突然肚子叫了一聲，李蝦蟆便在岸邊用手撈了幾口水喝了果腹，看到一個人一邊大聲吆喝著，一邊指揮著眾人搬東西，還嚷著要大家小心搬，這可是從蘇州大老遠運來的。這群人之中，有些人熟練地將貨物用繩子綑在手中的棒子上，挑在肩上往前走，有些人則是空手便

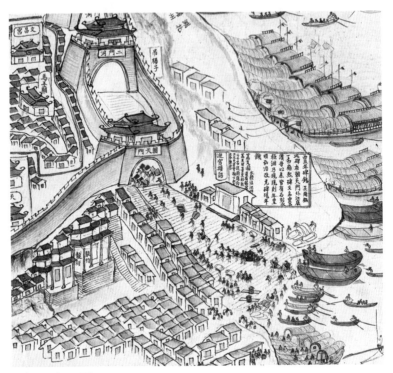

圖 15　朝天門

揹起一個木箱。李蝦蟆手上沒有棒子，只好有樣學樣地也
揹著一包東西跟著走。

　　路上聽到旁邊一起搬東西的人說，走這趟不遠，到米
花街也還不到重慶城的一半，算是好賺，上次從朝天門挑
到五福宮，繞了大半個重慶城，拿的錢也是一樣，真是虧
大了。李蝦蟆心想，這份活好像也不賴，之後應該要待在

城門等工作，才不會像這幾天一樣餓著肚子卻不知道該怎麼賺錢。

　　一邊走著，一邊感覺到背上的沉重感。到底是什麼東西這麼重？為什麼這個人可以叫這麼多人來搬這樣重的東西呢？看著那個人還很慎重地叫大家小心搬，好像很值錢的樣子。這麼大一群人在搬，如果拿個一包走，會不會沒人發現呢？

　　不知不覺地李蝦蟆就跟著眾人走進米花街，穿過木頭搭建的柵欄，映入眼簾的是一整條人來人往的繁華街道，兩側座落著一間又一間的店鋪，每間店前面都擠了很多客人，本就狹窄的街道顯得更加擁擠。

　　揹著貨物穿過重重人群，驚訝著這就是重慶城嗎？這才是重慶城嗎？李蝦蟆深覺自己過去待在城門邊的這幾天都浪費了時間，只是看著船隻來來去去，人們進進出出，什麼都沒有，想不到城裡面有這麼多好地方，有吃的、有買的、有玩的，還有很多捧著銀錢跑來跑去的人，不禁心生歹念。

　　卸了貨，跟著大家在店門口等著，看到伙計換錢回來，逐一派分工資。李蝦蟆把領到的錢收在懷裡，隨即走到附

近閒晃，觀察店鋪前後地形之後，便躲在旁邊暗巷的角落閉目養神。大概是因為白天喝了碼頭邊的河水，肚子不太對勁，只好就地解放，還撿了旁邊燒過的香籤簡單清理了一下地面。

到了晚上，柵夫按照規定關閉柵欄並上鎖，見左右無人，就安心在旁邊的客店門口打盹。李蝦蟆看柵夫已經熟睡，坊捕和更夫也沿著巡邏路線慢慢走遠，確定四周無人，便緩緩走出，從懷裡拿出白天在附近打鐵鋪外面順走的一根鐵尺，輕輕撥開門閂，進入店鋪裡面，看到櫃臺邊整理到一半的貨物，找到自己原本挑的那一包，白天挑的時候沒感覺，現在拿在手上掂一掂又覺得更重，有點佩服起自己的眼光。

李蝦蟆接著又拿了另一包，重量稍輕，卻是在船上那個人特別要求穩便搬好的，應該是很貴重的貨品。準備要走的時候，看到放在椅背上的那件皮製袍子，看起來相當值錢，便直接穿在身上，用棒子挑了這兩包，隨即逃離現場。

挑著這些東西躲在暗巷裡的李蝦蟆，心中還是充滿著高漲的興奮感，忍不住打開了一包東西來看，有皮套、眼鏡、眼鏡盒、氈帽、緞鞋，另一包還有硯臺、水晶球、西

洋鏡、金表墜。這堆亮晃晃的東西大概可以讓自己在這個城裡待上好一陣子。

不過，扛著這兩包東西走在大街上會不會有點太過招搖了？會不會被捕役發現？而且重慶城的市場在哪裡？這堆東西要拿去哪裡賣呢？清晨萌生的陽光溫柔地照著李蝦蟆的一臉茫然，突然覺得昨晚的一切好像在拿石頭砸自己的腳。

不管是什麼時代的小偷，偷了東西大概都得拿去換錢，除非是偷了食物或是打算留著自用。但是小偷都是怎麼將贓物換成現金花用呢？如果根據捕役在捕獲小偷之後向知縣呈上的報告，可以看到捕役通常會在某些特定的地方發現小偷在變賣贓物。其中根據目前可見的情況，大概可以分為幾種情況。

路　邊

最常見到的是小偷直接在路邊變賣，但不是擺路邊攤，而是拿著贓物直接向路人兜售。

住在金紫坊的寡婦張李氏某天出外收帳，午後回家時

發現住家門鎖被扭開，清查之後被偷走了銀挖耳、竹節水煙袋、玉圈子等物品，隨即通報捕役協助緝捕小偷。半年多之後，張李氏的女婿楊兩儀在路上看到陳丙生拿著一根竹節水煙袋在向路人兜售，前去察看才發現是當初被偷的那一根，隨即通報捕役前來抓人。

在金紫門邊開設客棧的蔣興發，接連幾天遭小偷，前後被偷了油燈布男夾衫、灰布滾身、禾月布腰帶、藍布被蓋、沙市煙袋、白單臥布、白纖絨等物品，一氣之下向官府報案。捕役在四處訪查嫌犯的時候，看到蔣世壽在路上向人兜售一根水煙袋，覺得相當可疑，便上前盤問。蔣世壽連忙坦承行竊，並聲稱偷到的東西都存放在舒瞎子那邊，還自行帶領捕役前往起出贓物，相當配合。

檔案裡還有類似的另一例，捕役巡邏的時候，「瞥見一人，手攜銅磬，在街變賣，形跡可疑」，便上前盤問，被盤問的楊玉九馬上就坦承這個銅磬是行竊得手的贓物。捕役進一步想調查李老爺家的竊案時，楊玉九卻開始「言語支吾，不吐實情」，捕役只好將楊玉九帶回衙門審訊。

小偷之所以如此，可能是希望用最快的速度將贓物變賣出去，或是在前往店鋪或市場途中順便賣，也有可能是

因為外地人不知道去哪裡變賣，只好在路邊向路人推銷，或是請人代為變賣。

對捕役而言，這是最容易發現小偷的方式，只要看到有人手持著不符身分的物品，形蹤可疑，神色慌張，言語支吾，大概八九不離十會是個小偷。雖然以現代的角度，這是相當可議的辦案方式，畢竟刻板印象往往會不小心陷人於罪，但這是捕役鎖定小偷最有效率的方式。

再舉一例，住在紅岩坊的李祥泰，某天被小偷撬開門板，進入行竊，偷了青湖縐單衫、廣蘇月衫、藍蘇月麻布衫、白綢汗衣等衣物。隔天早上發覺之後，馬上清點損失並通報捕役。捕役巡邏時，看到張娃與陳二抱著一些衣物在向路人兜售，捕役一時起了疑心，便上前盤問，結果兩人「言語支吾」，不久就承認行竊一事，捕役隨即將兩人帶到衙門審訊。

某天捕役在巡邏的過程之中，在後伺坡看到有一個人「行走慌張，手拿衣服，聲喊變賣」，覺得十分可疑，便直接上前盤查。對方自稱是李長生，手上變賣的東西是從白象街單茂興家偷來的。捕役搜了李長生身上的東西，總計搜出白布汗褲、藍麻布汗衣、葛巾帕子。李長生也在捕役

的持續盤問下，坦承前後又偷了王隆盛與徐源泰家，但不願意說出贓物所在。捕役無奈之下，便將李長生帶去衙門審訊。

另外也有一些小偷並不是因為在路邊變賣而被抓到，是因為將贓物穿在身上，走在路上，剛好被失主撞見，並且認出是自己被偷的贓物，因此通報捕役抓人。例如住在通遠坊的喻興發，某天晚上被小偷撬開門板，偷去青布皮馬褂、氈帽、綢套褲、白布汗衣、藍布小衣，以及一些銅錢，隔天早上發現之後，連忙通報捕役。幾天之後，喻興發在較場街上無意間看到張洪發穿著失竊的青布皮馬褂，隨即通報捕役前來抓人。捕役到場之後，向張洪發盤問之時，發現張洪發「言語支吾」，便直接將張洪發帶到衙門審訊。

住在臨江坊的文生劉義門，某天黃昏時分被小偷進入家中偷去藍布衫、麻布衫、青布夾裙、銀耳環、銀挖耳等衣物、首飾。過了幾天，劉義門在街上看到劉荒身上穿的那件，好像就是之前被偷的麻布衫，隨即通報捕役抓人，並向縣衙呈上一份告狀，說明經過。

較 場

每個城市都會有大型市集的存在，北京城著名的市集是隆福寺，或是以古書古董著名的琉璃廠與海王村公園，蘇州城則有熱鬧的玄妙觀，而重慶城則是以較場為全城最大的交易市集。

「較場」原應為「校場」，是操練軍隊的場地。重慶城內除了有分巡川東道、重慶府、巴縣等文職衙門之外，也有重慶鎮這個武職衙門，並駐紮軍隊，設有用以操練軍隊的較場。後來軍事操練的作用隨著帝國內外軍事行動逐漸減少而慢慢消失，這塊寬闊又平整的空間，便成為攤販聚集的場地，也成為整個重慶城商業活動的重心。

在這個商業重心的持續發展下，較場再也不是一塊寬闊平整的場地，而是隨著販賣不同類型的商品所形成的街道。目前所知較場的街道，有木貨街、磨房街、草藥街、鐵貨街、衣服街、荒貨街、魚市街、肉市街、玉器街、錢市、米市、糧市、牛肉街、老磁器街、酒市、竹子市、雜糧市、豬市壩，另外還有像是鼎興街、興隆街這種蘊含發財意義的街道名。

　　這些街道名稱從字面上來看，應該就是一開始專門販售某類商品的店鋪集中區域，類似於臺北的建國花市、光華玉市，後來也許隨著商業行為的發展，玉器街大概不只是賣玉器，竹子市可能也不是只有竹子或竹製品，但街道名稱仍舊，見證了較場商業行為從開始不同商品各自割據一方的態勢。

　　然而，即使較場已經幾乎失去軍事訓練的功能，但只

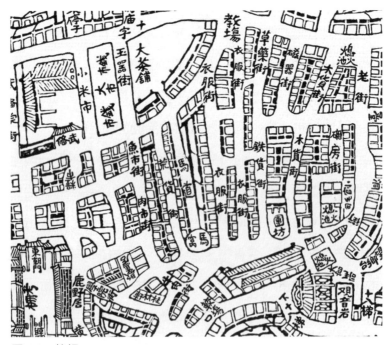

圖 16　較場

要遇到考試，較場仍然需要恢復原狀。正如前面所言，重慶城是重慶府所在地，因此一旦開設府試的期間，就會湧入大量重慶府轄下各州縣籍的考生，對小偷而言這是一個相當令人期待的祭典。這些進入重慶城的，並不只是念著四書五經的讀書人，還有一群是來考武試，也就是爭取軍事將領資格的考生。

因此在武舉考試期間，較場就必須要清出一塊區域，供考生舉行騎馬與射箭的考試。為此，知縣必須發布公告，宣布考試期間，「本縣考校武場所有馬道必須剷挖平坦，打掃潔淨，以利騎射」，並命令較場馬道附近的居民與攤商必須「速即遷移他處」，還得負責疏通水溝和路上的各種堵塞與垃圾，直到考試結束之後才能回到原本的攤位繼續做生意。

幸好除了考試期間之外，攤商在絕大多數的時間都能繼續在較場做生意，也使得小偷在得手之後，會將贓物帶到較場變賣，畢竟這裡能銷贓的商店實在是太多了。

例如平日下力活生的張四海，某天傍晚經過張國棟家門口時，發現「家內無人看守」，一時「見財起意」，偷了濫青綢馬褂、白麻布男汗衣、濫白布單衣、灰布、二藍洋布等衣物、布料，過了幾天才拿去較場變賣，結果沒多久

就被捕役查獲。

較場做為銷贓的好去處，這件事情捕役大概也相當了解，當接獲民眾通報遭竊時，捕役不只會在路邊盤問可疑人士，也會直接前往較場，有時甚至能夠在小偷正在向店家變現的時候抓個正著。

例如平日下力活生的李么毛，某天在朝天門外順手扒了某個路人身上的兩個煙盒包，隔天拿去較場的煙館變賣，結果被捕役當場人贓俱獲。江北人冉興發平日不務正業，因為沒錢花用，在新豐街隨機綹竊路人，摸到了兩包銀兩，隔天拿去較場換成銅錢的時候，就被捕役當場人贓俱獲。

較場雖然是銷贓點，卻也是大批店家聚集之處，自然也會是小偷行竊的目標。例如平常下力活生的劉三，從外地來到重慶城謀生，卻接連好幾天沒有工作、沒有收入，自然也只能餓肚子。某天晚上經過較場黃炳坤的家門口時，「見他家裡無人照守」，一時「見財起意」，便逕自進入，偷走背心、鞋子、藍布衫子、滾身等衣物。得手之後，隨即變現花用，但不久就被捕役逮捕送官。

當　鋪

除了一般店家，當鋪大概也是小偷銷贓的好去處。對當鋪來說，收受贓物還是有一點法律責任，《大清律例》便規定「若知強、竊盜贓，而故買者，計所買物，坐贓論」，也就是說如果明明知道是贓物而故意收購的話，會按照贓物的價值決定刑責。

另外，《大清律例》也規定「若諸色人典當收買盜贓及竊贓，不知情者勿論，止追原贓，其價於犯人名下追徵給主」，也就是說當鋪在不知情的情況下收購贓物的話，不必負擔刑責，只需要將贓物繳出，而當鋪收購贓物時付出的價錢，則由小偷賠償，以免當鋪遭受不當的損失。

這兩項法律的規定，是針對收受贓物的人而言，既可以避免小偷銷贓，又可防止當鋪無意間收購贓物而蒙受損失與意外的刑責。然而，當鋪的刑責是取決於是否知情，這是一件相當難以證明的事情，所以在實際審判時往往會有兩極化的情況，一是直接忽略當鋪的責任，只要交出贓物就不再繼續追究；另一則是認定當鋪是專門收受贓物的場所，甚至可能本身就是指揮小偷行動的竊盜集團首腦。

　　捕役某天巡邏的時候，認出有竊盜前科的高世興「行走慌張」，捕役隨即上前盤問。高世興馬上坦承在天上宮趁著鳳鳴戲班在唱戲的時候，從衣廂裡面偷了一些衣服。捕役眼看高世興手上沒拿東西，逕自搜了身，搜出三張當票，高世興便承認這些得手的戲服都拿去大有當鋪換成銀兩花用了。

　　對小偷來說，去當鋪銷贓是相當方便的好去處，但對於捕役卻不是如此。在此舉一則實例，湯龍氏某天去親戚家祝壽喝酒不在家，當天晚上被小偷「撥開門扇入室，扭開衣箱鎖鑰」，偷了一些衣服、銀飾，隔天早上回家才發現被偷。捕役在巡邏的時候，看到唐玉興「情形可疑」，上前盤問之後，唐玉興坦承與陳大牛一同行竊湯龍氏家，得手的贓物都已經「陸續當賣」。

　　捕役帶同唐玉興前往陳大牛家，陳大牛取出當票交給捕役，捕役拿著當票前往當鋪，得自己先「墊錢二百文」之後，才取出唐玉興與陳大牛行竊得手的贓物之一——綠布女衫，並拿去請湯龍氏認看看是不是自己被偷的那件衣服。湯龍氏確認無誤之後，捕役便將唐玉興與陳大牛連同那件綠布女衫帶回衙門審訊。

　　兩百年後的我們，誠心期盼這位捕役後來有成功回收墊出去的兩百文錢。

◤ 窩　家 ◢

　　除了在路邊向路人兜售、變賣給較場店鋪，或是拿去當鋪典當得錢的方式之外，有些小偷會選擇將雜七雜八的贓物全部交給某些人協助變賣。

　　平日下力活生的汪麻子，某天幫舅公王樹茲搬家，卻遲遲沒有得到工錢，在錢老么的提議之下，兩人決定搬走王樹茲的東西做為工錢。當天晚上由錢老么把風，汪麻子偷走了一些鞋襪衣褲，以及細竹全鎗、燈盤子、水晶合子、公燈合子、明羊合子、水煙袋等物品，並隨即全數轉賣給冉老三。

　　汪麻子被逮捕之後的供詞之中，並未提及冉老三的背景，但從冉老三不分種類地收購這些贓物的行為來看，可能是專門收受贓物的人。因為贓物已經被轉了一手，之後也許會被轉好幾手，來源大概也越來越難追查到。

　　這些人在清代被稱為窩家，也就是指窩藏竊賊的人，

有時又被稱作窩戶。其中有些只負責收受贓物，協助轉賣變現，有些則會提供住處，甚至指揮、計劃偷竊行動。有些窩家外表是富豪人家，豪宅、家人、奴僕，一應俱全，但事實上是用以掩護其窩藏竊賊的行為，先是讓竊賊聚集起來，各自出外得手之後再收集所有的贓物，協助變賣得款，接著由窩家主持分配財物的工作。因為有組織，分工明確，不僅提高成功率，也能透過賄賂捕役的方式減少被捕的機會。

法律上也有針對窩家的規範，《大清律例》便規定「竊盜窩主造意，身雖不行，但分贓者，為首論。若不行又不分贓者，為從論」。這樣的規定就是將窩家視為整起竊盜犯罪行為之中的關鍵角色，也就是說這些窩主本身雖然不是實際行竊的小偷，但如果有參與分贓的話，會被認定為主謀，也就是需要負擔最重刑責的人。

清代的官員相當清楚這個問題，認為這些窩家本身就是造成盜賊猖獗的主要原因，只要能查獲窩家的所在地，便能從根本鏟除盜賊的問題。在重慶便有官員發布公告，宣布要清查全境的窩家，並宣導窩家的可惡。

> ……安民之道，必先弭盜。弭盜之法，首在除窩。……重屬地方，多有窩賊之家，憑恃險阻，聯絡聲勢，事主莫敢誰何。捕役互相容隱，日久月長，窩主習為生涯，盜賊視為逋藪，捕役貪為利途，均不自知身罹法網，遂使賊風日熾，民難安枕。……

公告一開始便直言解決盜賊問題的關鍵就在窩家，而重慶的窩家勢力相當大，被害人不敢對抗，捕役甚至也會勾結，最後使得犯罪問題無法得到壓制。

防制窩家發展的方式，就是徹底落實保甲制，也就是將各家各戶聯合起來，相互監視對方有無不法行為，並嚴格查緝外來人士的身分與行為。

除了保甲以外，重慶城內的商家還有自主管理的機制，例如某年各個銅錫器具鋪戶趁著年終祀神集會的時候，共同商議出一個規定，「如有接買賊贓、窩留竊賊，革逐行外」，也就是有商家協助小偷銷贓，甚至是成為小偷的窩家，則會被同業組織除名，不再受到同業組織的保護，這麼一來，這個商家會很難在重慶城立足，一方面銷售通路受阻，另一方面如果遇到商業糾紛時，就不會有同業組織

出面相挺。

如前所述，窩家大概都不會光明正大地將自己塑造成一個竊盜集團首腦的形象，而是透過一些方式進行掩護。在金沙坊開設棉鋪的蕭全興，在毫不知情的情況下，被偷走了存放在後院小窖裡面的八百多觔棉花。更讓蕭全興不解的是，存放的地點「前門落鎖，院後有人行街巷一道」，竟然還被偷了這麼大量的棉花。

捕役接獲蕭全興通報之後，隨即啟動查緝程序，四處尋訪小偷所在。後來總算發現是經營客棧的劉大興唆使黃二、冉二行竊，並在劉大興的客棧之中查獲十二觔的棉花，劉大興當場承認「接贓四百餘觔，餘贓堅匿不現」。客棧人來人往，又因應客商攜帶貨品入住而有倉儲空間，所以對接應竊賊作案的窩家而言是相當適合的。

除了客店之外，也有其他的情況。在紅岩坊丁字口正街開設棉花鋪的陳崇興，某天被小偷趁著鋪工睡著的時候，「用鐵尖刀刁開鋪板入屋，用手挖開花包，竊去棉花」。隔天早上發覺，清查現場之後，隨即通報捕役。

捕役經過多日查緝，在被稱為窩戶的周雙喜家捕獲竊賊廖春明，廖春明也坦承行竊了包括陳崇興在內的幾家店

鋪。周雙喜到案之後，聲稱自己平日「裝煙為生」，廖春明確實是住宿在自己家，但不清楚其潛入店鋪偷東西的行為。廖春明也坦承偷了陳崇興、余長松、許安邦等店鋪，所得贓物已經在南安縣全數變賣得錢花用，但未招認周雙喜是窩戶。

這起案件突顯了窩戶認定上的曖昧與模糊，如果能證明周雙喜有實際指使廖春明行竊，或是分得贓物的行為，自然沒有什麼可疑之處。但如果廖春明只是帶著贓物借住在周雙喜家的話，就很容易被失主指認為窩戶。而根據整起審判的結果，周雙喜雖然沒有分贓的事實，但終究還是與廖春明一起被收押在牢裡。不幸的是，一個月後，廖春明在牢裡因病過世，兩個月後，周雙喜也因為生病得以保外就醫而獲得釋放。

官員相當清楚窩戶與小偷的關係，審理竊盜案件時自然也會注意到小偷背後的窩戶，窩戶認定的標準卻又相當模糊。這件事情小偷也是十分明白，所以有時候難免就會出現小偷基於種種原因指認他人是窩戶的情況。以下是一個實際的案例：

住在定遠坊的文生顧民皆某天晚上遭竊，隔天早上發

覺，清點之下損失高達二百餘兩，便隨即通報捕役。捕役經過多天查訪，在巡邏的時候，「在曾協太宅後，得見一人可疑」，便上前盤問。被捕役盤問的何道人直接坦承前後行竊了羅某、曾某兩家，又與冉忠一起行竊顧民磊家。捕役問完話，在何道人身上搜出水煙袋與燈臺，便帶著何道人去找冉忠問話。冉忠面對捕役時，也供認不諱，並稱贓物都放在陳老五家。

冉忠的證詞讓陳老五陷入了窩戶的嫌疑，陳老五隨同捕役到衙門接受審訊。陳老五聲稱自己以開設客棧為生，何道人與冉忠從外地來重慶城，暫住在客棧裡面，結果沒錢支付，兩人只好出外行竊，將取得的贓物當做抵押，以便出外籌措住宿費用。結果兩人被捕，陳老五就被視為窩戶而到案。經過衙門審訊後，並未將陳老五認定為窩戶，而是命令陳老五將何道人與冉忠抵押的贓物還給失主即可。

第六步

警告事項：

你恐怕會被逮捕

　　在衙門刑房擔任書吏的馬玉堂，這一天接到知縣的命令，前往杜廷澤家勘查現場，並在出發前將案卷整理歸檔。當天早上，馬玉堂一如往常般地，將案件相關的文書按照時間順序黏成一幅長卷，並在案卷封面寫上「正堂為勘緝事本城蓮花坊文生杜廷澤被竊一案」，以便日後檢閱。

　　整理好案卷之後，馬玉堂重新瀏覽了杜廷澤的呈狀，越看越覺得誇張，怎麼可能被小偷「用藥迷惑，開門入室」，也不知道是什麼樣的藥效能持續到隔天早上，還「口閉難言，用水解救」。捕役的報告也說「並無盜口，非賊撬牆刁竊」，而且杜廷澤一開始只說被偷了一雙布鞋，捕役覺得「贓微難緝」，就說這件事情大概不太好辦，要不要就這麼算了，杜廷澤聽到捕役這樣說還相當生氣。

　　馬玉堂捲回去看杜廷澤的呈狀與附件的失單，洋洋灑灑的清單上羅列著羽毛單袍套、湖縐單衫、金環子、玉手圈、水煙袋、緞靴等各式衣鞋與飾品，還有一錠九兩重的白銀。到底是誰在說謊呢？看杜廷澤刻意地寫下「口閉難言」的藥效，在經驗老到的書吏眼中，這根本就是誇飾的手段，不用去現場也知道結果。馬玉堂坐在辦公桌前就像在看小說一樣看著這份案卷，邊看邊笑，順手記下要勘查

圖 17　蓮花池

的重點與需要驗證的呈狀內容，捲起案卷插回架上，帶著
筆墨便準備動身。

　　踏出衙門時，才想到杜廷澤家在蓮花池邊，與縣衙所
在位置剛好是重慶城的斜對角，想一想這個工作有點艱辛。
這麼長的一段路，還好會經過較場，馬玉堂捏了一下懷裡
那一小錠銀兩，正可以先去市集吃點東西，摸個魚，讓自
己心情舒爽一點再去現場。

　　馬玉堂經過巴縣綠營駐防的汛堂時，遇到正好輪班結束的朋友，彼此做個揖，就一起約去關廟十字的玉器街上喝茶，想到身上只帶了一錠銀兩，得先去換個錢才好結帳。便向茶館老闆打聲招呼，走去對面的錢市換一些碎銀和銅錢，會鈔之後就繼續往杜家走。

　　今天的任務是勘查現場，並驗證杜廷澤的說法。馬玉堂在進入杜家大門之前，先在周遭走了一圈，房屋前後左右都看了一下，走進大門之後，仔細觀察房屋內部的格局，以及每一間房間擺設的家具，因為這都牽涉到小偷作案的路線與竊取物品的順序。但也不需要鉅細靡遺地記錄下每一種家具，而是著重在存放著遭竊物品的家具，像是櫃子、箱子，或是床架，畢竟被單和枕頭也是榜上有名的熱門贓物。至於椅子、凳子這些家具，除非有竊賊踩踏的痕跡，否則大概都是略過不提。

　　馬玉堂東看西看之後，因為要對照杜廷澤在呈狀之中「賊用藥迷惑，開門入室，扭去箱鎖」的說法，便仔細檢查了臥室那兩口皮箱，發現皮箱的鎖根本沒有損壞的痕跡。馬玉堂轉頭質問了一直緊跟在後的杜廷澤，一陣支吾之後杜廷澤便漲紅著臉，大聲怪罪捕役沒有好好抓犯人，根本

就是串通竊賊來欺負我們這些小老百姓，你們這些書吏大概也是同一掛的吧，我好歹也是文生，算是你們縣老爺的同行，看我不弄死你才怪。

　　兩眼放空地面對著杜廷澤顧左右而言他的各種咒罵，馬玉堂大概也見怪不怪。很多人被偷是真的很可憐，救命錢都被小偷拿去，一邊哭一邊跟在書吏屁股後面，裡裡外外走了好幾遍，希望能幫忙找到更多有助於抓到小偷、拿回贓物的證據與細節。但有些人根本就是像杜廷澤這種沒事找事做，不過就是一雙布鞋的損失，到底有什麼好告的？光是進來衙門遞狀的錢，都不知道可以買幾雙布鞋。結果我們這些書吏必須因為這種鳥案件大老遠跑來勘查現場，還得被洗臉。

　　後來想想，這個案件算簡單了，做案手法單純，只要前後走走看看，需要驗證的部分也不算複雜。有一次遇到命案被害人被吊在屋簷上的案子，得想辦法丈量屋簷到地面的高度，不說還以為是鬧鬼。而上次從柵欄爬進去的那個案子才麻煩，還得先找柵夫幫忙爬上去看看腳印，再跟著小偷的路線在屋頂上看清楚屋瓦被移動的痕跡，才能進到櫃房裡面看看抽屜被拉開的樣子。

　　剛剛去錢市換錢時才想到，上次去勘查楊柳坊那個連續被偷兩次的銀錢傾銷鋪一樣麻煩，得跟著小偷從隔壁空房的火渣堆踏腳爬上圍牆，鑽進去那個被剪開一個大洞的篾壁，然後再去看後面被撬開的小門，不僅要丈量被剪開大洞的尺寸，還得檢查有沒有撬開或踏腳的痕跡，同時也要根據痕跡推測做案工具。如果勘查結果與被害人預期的不同，有的就會像杜廷澤一樣仗著自己的頭銜，咄咄逼人地吵著要改，搞得跟串供一樣。拜託，改了出事誰負責？

　　難道這些小偷不能用最簡單的方式，拿把鐵尺或順刀，輕輕刁開門閂，直接鎖定臥室裡那些貴重的首飾，或是櫃臺抽屜裡的現金，拿一拿就趕快走嗎？別像那個在現場直接用竹子和木頭做出梯子的小偷，搞了一堆花樣，結果我們爬上爬下地勘查完，還得把那架簡陋卻有效的梯子大老遠抬回縣衙存證。

　　做案過程簡單、迅速、確實，你開心，我方便，這樣不是很好嗎？都要當小偷了，偷什麼東西還要人教嗎？

　　馬玉堂一邊讓杜廷澤的咒罵左耳進右耳出，一邊在肚子裡面抱怨起身為書吏的各種無奈之後，便向杜廷澤道別，慢慢踱回縣衙，如實地將勘查的情況寫成「勘單」，交給知

縣。剩下的事，就讓知縣自行判斷。

書吏的抱怨其來有自，畢竟竊盜案件從古至今都是不會消失的犯罪行為，同時也是頻繁發生的，而且相關的程序也是十分麻煩。以下便先介紹衙門書吏與捕役的組成，再整理竊盜案件的調查與緝捕程序，最後則說明捕役遭到被害人誤解的情況。

書吏與捕役的組成

州縣衙門是整個帝國地方行政體系最低的一級，所有民眾的行政事務，都是由州縣衙門第一線面對、處理。整個衙門人員分成官、吏、役三大類，官指的是知縣（七品）、縣丞（八品）、主簿（九品）、典史（未入流），其中知縣是所謂的「父母官」，負責主導整個州縣地方行政事務，其他三者均屬於輔助的角色。

吏，即「胥吏」或「書吏」，指的是在衙門內部辦理文書工作的人員，按照衙門事務分為吏、戶、禮、兵、刑、工等六個「房」的單位辦公。這些吏又可分成經制吏與非經制吏，也就是編制人員與非編制人員的差別。因此，如

果是經手竊盜案件的書吏，則為「刑房經書」，是在刑房辦理文書工作的正式書吏。

役，即「衙役」，在衙門負責各種低階的行政工作。按照其工作內容可分為皂班、快班、民壯、捕班，其中快班負責傳喚關係人、巡夜、逮捕犯人，捕班也負責查緝、逮捕犯人，或是在押運官銀時擔任警衛工作。

整個州縣衙門編制內的人員，知縣、縣丞、主簿、典史各一名，書吏全體大約十名上下，衙役全體大約一百名上下。這樣的編制看似人力充足，但事實上並非如此。清代州縣衙門所負擔的行政工作，如果以現代臺灣的地方行政機構而言，大概是結合了縣市政府、戶政事務所、地政事務所、稅捐稽徵處、衛生局、地方法院、各級警察局，以及轄下各鄉鎮市區公所的功能。因此，雖然目前不清楚重慶城所在的巴縣面積為何，但以僅僅一百多名的人力，就能成功治理現代臺灣任何一個縣市，並且承擔上述這些行政工作，大概是相當勉強。

因此，若知縣在地方治理，或是竊盜犯罪行為的防治與緝捕上希望能順利進行的話，就必須要依靠大量編制外人員的協助。道光時期擔任巴縣知縣的劉衡，曾回憶其就

職時，整個巴縣衙門便擁有七千名衙役，負責全縣各種大大小小的行政雜事。

在此也許就能合理懷疑，一個衙門是否有辦法維持這麼龐大的人事成本支出？然而，編制內的經制吏與衙役有薪水，編制外的非經制吏與白役則無。因此這些編制外人員就必須要靠著「陋規」過活，而這也是非經制吏與白役之所以願意從事這種「無給職」工作的誘因。

根據清代官員方大湜的說法，在清代州縣衙門一起訴訟案件的進行過程，每一個環節都會被收取各種費用：

> 衙門八字開，有理無錢莫進來，此諺語也，卻是實錄。即如代書蓋戳，則有戳記費；告期掛號，則有掛號費；不俟告期而傳呈者，有傳呈費；准理而交保者，有取保費；房書送稿，有紙筆費；差役承票，有鞋襪費；投到，有到單費；踏勘，有夫馬費；坐堂，有鋪班費；結案，有出結費；請息，有和息費。事事索費，人人索費，費之名色，更僕難數。

舉凡寫狀、呈狀、傳喚、勘查、交保等不同程序，負責的

書吏與衙役都會向呈狀人收取金額不等的費用，而這些都不是官方法定的訴訟費。

　　以下是一則實例，可以說明呈狀的訴訟費用。住在鄉村的張漢倫某天晚上被地方惡霸彭興順行竊，隔天隨即準備好告狀，希望能讓彭興順吃上官司。張漢倫大概是希望告狀能順利交到知縣手上，因此將告狀與「傳呈錢四百八十文」交給捕役周太之後，便回家等候通知。等了好幾天，既未等到捕役來傳喚應訊，也沒看到書吏來勘查現場，很不尋常。

　　這一天張漢倫便逕自渡江進城，到衙門負責收受文書的承發房詢問告狀處理的進度。一問之下才赫然發現周太根本沒有幫忙呈狀，後來又不知道聽誰說彭興順早就先以兩千文錢的代價賄賂周太壓住張漢倫的告狀，先送彭興順的告狀進衙門。

　　四百八十文的傳呈錢大概是一根銅帳竿或三觔牛燭的價錢，對一個普通人家而言應該還算是負擔得起的程度。但如果整起訴訟程序的每一個環節都必須要付出相當的金額，可能不是一般人的經濟能力所能承受的範圍。

　　然而，官員對於這些陋規雖然了然於心，卻也無法解

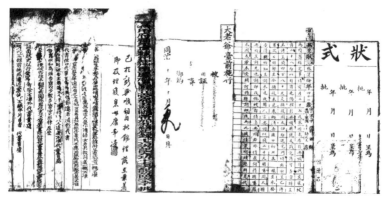

圖18　告狀

決這種根本性的結構問題。第一,因為衙門經費相當拮据,
有些公共建設還必須要向地方士紳募款才能進行。第二,
衙門事務繁雜,管轄地區過大,編制人員過少,若要順利
達到地方治理的成效,只能仰賴大量編制外的人力。為了
使這些編制外人員願意承擔這份無償的工作,也就只好對
於這些陋規睜一隻眼,閉一隻眼。

　　即使如此,也並不代表這些書吏與衙役都是收錢不辦
事的壞蛋,如果吏役沒有按照程序辦事,或是沒有在期限
內完成的話,依然會被民眾檢舉,由知縣懲罰。

調查與緝捕的程序

現代社會的民眾一旦遇到什麼麻煩事情，都能透過各種通訊工具向警方報案，或是就近前往警察局，警察也會在地方上巡邏，維護社會治安與民眾的安全。

清代中國沒有警察制度，負責緝捕犯人的捕役是隸屬於州縣衙門，州縣衙門比較像是現代的縣市政府加上警察局的功能。因此現代臺灣單一縣市有很多設置在不同區域的警察局、分局、派出所，但清代的話則只有一座州縣衙門而已。

然而，在清代的重慶，民眾如果家中遭小偷，或是在外被扒竊的話，通常第一選擇並不會是寫份告狀上衙門，而是先通報巡邏的捕役和附近的鄰居。

例如住在楊柳坊的鍾泰先，某天晚上被小偷「揭開屋上瓦片」進入屋內，偷去藍扣洋布單袍子、藍麻布衫、舊羽毛馬褂、緞皮瓜帽等衣物，隔天早上「即眼同楊柳坊坊差黃玉、張彪，看明揭瓦情形」。過了好幾天，鍾泰先一直沒有獲得坊捕的消息，便前去詢問辦案進度，結果黃玉等人「坐視不理」，鍾泰先心中不禁認定「顯係同賊分肥」，

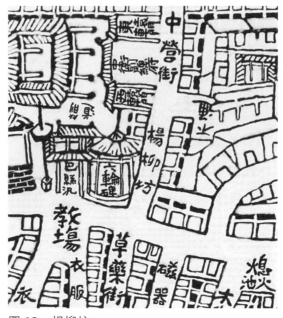

圖 19　楊柳坊

因此憤而告官。

　　住在太平坊的鄭元超，某天暴雨的夜晚被小偷「用手端開門扇」進入屋內，偷去了銀藤子、銀簪、銀挖耳、藍布男衫、藍布女衫等銀飾與衣物，還有床腳下的老銀、紅錢。隔天早上鄭元超起床後發現家裡遭小偷，「即投本坊捕役李頭、周頭」，並請坊捕前來家中進行初步勘查。結果坊捕查看完之後，聲稱「並無盜口情形」，不願進一步追緝犯人。

　　這種方式的好處是可以在最快的時間讓捕役出動抓小偷，等抓到小偷之後再準備一份告狀，通過訴訟管道通報知縣，由知縣審訊小偷並判刑。壞處是如果遇到不積極作為的捕役，報案的被害人根本束手無策，最後還是得上衙門通報遭竊，並由知縣督促捕役抓小偷，這樣雖然對被害人來說比較有保障，卻容易延誤辦案，錯失抓小偷的良機。

　　因此被害人往往會在告狀時，以「坐視不理」、「支吾不耳」、「袖視不管」等形容詞描述自己向坊捕通報遭竊之後得到的反應。也有更進一步地指控這些坊捕有「縱賊遠颺，冀圖分肥」、「玩塌縱賊，貌抗不緝」的可能性。

　　無論如何，對一個被害人而言，不管是要通報捕役，還是要上衙門，在發現被偷的當下，通常還會請左右鄰居或保正甲首前來案發現場。

　　在楊柳坊中營衙署對面開設古玩廣貨鋪的田豫發，某天晚上被小偷撬開鋪板進內行竊，被偷去水晶眼鏡、墨晶眼鏡、騎馬表、西玉眼墜、銅小西洋鏡、雲母小圖章、洋磁人物粉盒等大小物品，總價值超過二百兩白銀。隔天早上田豫發起床後才發現店內遭竊，「即投街鄰陳源盛、劉興發，坊差鄭頭」，請這些人前來案發現場確認被偷。

在臨江坊開設茶館的周洪順，這天晚上因為店鋪後方的住家失火，被小偷趁火打劫，進屋偷去「廣箱一口，內裝金葉，重廿壹兩壹錢五分」，還有青大綢馬袴、銀牙籤、釘皮靴、湖縐帶、女青布單衫等衣飾。在一片混亂之後，周洪順才發覺家中重要物品遭竊，「當投保正葉春林、坊捕鄭順」。

傳統中國原本就有設置一些州縣層級以下的基層組織，以便協助州縣衙門管理地方。這些基層組織大致上分成兩種主要功能，一種是收稅，一種是治安，其中治安功能以鄉約與保甲制為主，是將各戶編組，使之相互監視有無不法情事，或是防範外地不明人士進入，造成治安問題。

因此一旦有人家中遭小偷的話，會先請同一保甲之內的鄰居（鄰佑、街鄰）、約保（鄉約、保正）、團練（團正、監正）前來，為的是要確認是不是真的遭小偷，並能向捕役作證此事。之後如果進入衙門成案，這些人也要隨同被害人前往衙門說明。

對衙門而言，竊盜案件的處理大致上分成兩個部分，即調查與緝捕，並分別由書吏與捕役負責。

書吏的調查與勘單

　　書吏所負責的調查程序，是接到知縣的命令之後直接前往被害人家中或案發現場，實際踏勘環境，記錄所在場所的周遭環境、格局、建材，模擬小偷入侵的手法，印證被害人的說詞，並根據現場情況提出結論。

　　書吏出動勘查，並不限於竊盜案件，人命或土地糾紛的案件中也都能看到書吏的身影。人命案件與竊盜案件的情況是一樣的，都是必須要透過勘查案發現場確認犯人的手法，即使是發現路邊的無名死屍，有時候也都會派遣書吏前去勘查。

　　書吏勘查結束之後，會將結果寫成文書，即為「勘單」。竊盜案件的勘單範例，可見本書〈第三步〉的內容。

　　為了順利進行裁決與審理，知縣必須掌握案發現場的情況。如果知縣想到現場去親眼確認的話，就會需要相當大的陣仗，捕役必須事先抵達現場搭設棚子，方便知縣辦公，還要佈署人力，安排相關人證待命，也要將知縣前往現場的路線進行清場，確保路線順暢與知縣的人身安全。

　　如果知縣不想勞師動眾，採取微服出巡的方式前往現

場勘查，這也是一個相當好的選擇。但對一個知縣來說，真的有必要為了一個案子花費這些時間與心力嗎？姑且不論在現場勘查所需的時間，光是來回縣衙與現場的路程，可能就要耗費大半天的時間了。因此勘查現場的工作，大多交給書吏去處理，知縣則根據書吏呈上的勘單進行裁決與判斷。

捕役的緝捕技巧

　　以重慶城來說，城內分成二十九個坊，每個坊都有獨特的名字，如太平坊是巴縣衙門與重慶府衙的所在地，全城最熱鬧的較場則是位於太善坊、楊柳坊、渝中坊的交界處，另外還有千年古剎崇因寺所在的崇因坊，這些坊名多以城門、街道、古蹟命名。

　　衙門為了更好地維護城內的治安，便在每一個坊內設有二至三名的「坊捕」，也就是專門在某個坊巡邏的捕役。這些坊捕也就成為家中遭小偷的被害人在第一時間馬上能找到的救星。

　　被害人在發現遭竊的當下，會先邀請鄰佑與約保到家

中確認遭竊事實，再尋求坊捕的協助。坊捕這時會到案發現場進行初步勘查，並詢問被害人對於犯人的身分有無頭緒，同時詢問鄰佑是否發覺任何動靜。等到對整起案情有了基本的了解之後，坊捕就會開始搜尋犯人的蹤跡。

正如同本書〈第五步〉所言，小偷一旦偷到東西之後，會盡可能地把手上的贓物變現，其銷贓的方式大概可統整為路邊、較場、當鋪，以及窩家等途徑。坊捕對於這個情況相信也是了然於心，因此一旦接到被害人的請求或是知縣的命令之後，捕役往往會先在這些場合巡邏、搜索，或是注意可疑人士並且上前盤問。

如果捕役沒有在小偷與店家交易時逮捕現行犯，有時也會靠著店家的指認而循線查緝。例如府轅差役任玉多次遭竊，身為捕役反而深受其害，想必任玉心中很不是滋味。除了通報其他捕役協助查緝小偷之外，任玉自己也進行私人的查訪。任玉按照經驗直接前往較場，果然就在吳順祥經營的衣鋪發現寧綢單套與青布女夾衫，而這兩件衣服早就已經被任玉拿去當鋪典當，那張當票正是在某天晚上被小偷偷走。也就是說，偷走當票的小偷將這兩件衣服贖出來，轉賣給吳順祥，取得銀錢花用。

　　任玉查到了這條線索之後，隨即轉告負責的捕役蘇玉與李玉，兩名捕役將吳順祥帶回衙門審訊，吳順祥聲稱這兩件衣服是由田麻子帶來店內。捕役採信吳順祥的供詞，沒幾天就抓到田麻子，田麻子經過審訊後，不僅坦承行竊任玉家，還招認偷了蕭姓、譚姓、賀姓等不同人家，而這些贓物都已經分批轉賣變現了。

　　類似的案件，如同住在太平坊的監生李義豐，多年前在紅岩坊九龍巷買了一間房子，本來打算租人，但因為長期沒有租客，便借給葛味全存放木器。不久葛味全前往內江任官，這間房子無人看管，不知道什麼時候就被小偷闖入，偷走裡面的木器。

　　李義豐發覺這間空屋遭竊，隨即通報捕役協助查緝小偷與贓物去向。某天李義豐無意間路過較場木器街時，看到任洪發店外陳列的商品之中，就有被偷走的木器，便進去店內質問任洪發這些商品的來源。任洪發聲稱這批商品是賴洪春仲介批發來的，包括圓桌、炕床、牙床、香案、衣架等。

　　李義豐發現了這條線索之後，通報捕役將任洪發與賴洪春帶到衙門審訊。賴洪春到案後，聲稱這批木器是蔣二

向他兜售變賣的。蔣二到案之後，聲稱自己平日賣葵瓜子為生，某天沈玉貴拿著一張椅子請蔣二幫忙變賣，蔣二便請賴洪春仲介轉賣給任洪發。沈玉貴到案之後，聲稱這批木貨是蔣二提議，糾同賴洪春與沈玉貴一同偷來轉賣的。

　　當坊捕在經過一番努力之後，順利捕獲犯人，並取得犯人的自白時，便會通知被害人，並準備一份稟狀，說明捕獲犯人的經過，連同犯人帶到衙門等候知縣審訊。坊捕撰寫的稟狀例如下：

> 具稟渝中坊捕役伍順為稟明事：情本月初八日早，役在坊巡查，有仇家喜向役云稱，伊家於初七夜被賊竊去紅錢三千外，毛錢三百文、大呢馬褂一件、腿褲一雙，令役代伊清查。是日午後，役在較場口有廖九，稱伊眼見白受章所雇柵夫向華光行竊等語。役向華光盤詰，伊認竊錢物不虛，當在伊身搜出毛錢三百文，係伊原贓，餘贓認還不諱。是以將向華光、說口廖九帶案稟繳，伏乞大老爺台前核示施行。

　　伍順是渝中坊的坊捕，在坊內巡邏時有民眾仇家喜聲

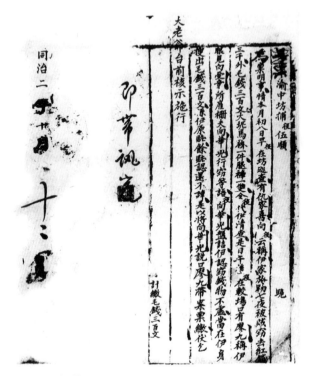

圖 20　稟狀

稱遭竊，當天下午伍順在較場口就遇到廖九說目擊到柵夫
向華光行竊，伍順隨即找到向華光，並在其身上搜出贓物，
便將向華光與提供目擊證詞的廖九帶去衙門準備審訊。

　　從伍順的稟狀來看，坊捕例行性地在轄區巡邏，有一
部分的功能就是可以隨時接受民眾的報案，並直接啟動緝
捕程序。而伍順也按照經驗，前往較場調查犯人的去向，

也許是在尋找贓物，或是正在變賣贓物的犯人，而伍順是打聽到目擊證人，因此馬上將柵夫向華光鎖定為嫌犯，果然人贓俱獲。

【 捕役的難處 】

對被害人來說，如果家中遭小偷的時候，必須要準備一份告狀向衙門通報的話，確實是一件相當麻煩的事情，畢竟以當時的社會來說，並不是每個人都有寫字的能力，但如果交給代書處理的話，時間就會因此被延誤。而從伍順的稟狀來看，坊捕的設置確實增加追捕小偷的效率。

這個時候問題來了，坊捕於案發的第一時間是在被害人的請求下，而不是在知縣的命令下出動。如果坊捕消極應對，或是坊捕本身就與小偷勾結，甚至是意圖向被害人勒索的話，被害人會因為坊捕不在縣衙的監督下而毫無辦法，畢竟對縣衙來說這起事件並未立案。

然而，即使坊捕已經積極辦案，但並不是所有案件都能夠順利抓到犯人，即使是現代社會也有一定比例的竊盜案件必須要經過長時間才能破案，當然也有無法破案的情

況。對被害人來說，被偷東西已經是相當令人焦急的事情，經過幾天又一直沒有消息的情況下，很容易會懷疑這些捕役消極辦案，或是與小偷串通，甚至是準備要勒索被害人。

與其他人合夥開設乾菜鋪的陳春亭，某天晚上全家都在熟睡之時，被小偷從屋後翻越圍牆，用工具撥開門閂進內，潛入臥室裡面偷東西。隔天早上起床時才發現家裡遭竊，清查之後損失慘重，除了十餘件衣服、五十幾兩白銀與銅錢之外，倉庫裡存放的海參、魚肚、洋菜、油魚等乾貨也被小偷搬走，最重要的還有十二缽的洋煙。

陳春亭不僅傷心著私人財物的損失，也煩惱庫存商品被竊之後應該要如何營生，因此連忙通知團練，並且進城告官。面對這件重大竊案，官府隨即啟動緝捕與調查程序。

時間過了三個月，衙門遲遲沒有傳來任何消息，但在其他兩位合夥人的協助下，乾菜鋪重新開張，生意漸漸回到原本的軌道上，當時的損失也早就重新賺回來。當一切都回歸日常的時候，陳春亭卻不禁懷疑一個小偷有這麼難抓嗎？難道捕役沒有認真工作？還是捕役其實是與小偷串通好的？

這天晚上，陳春亭又被偷了。隔天早上起床才發現，

連忙清查損失，這次損失較小，只是三串銅錢、幾件衣服，以及一支水煙袋。在重重疑慮與驚恐之下，陳春亭再度進城告官，呈狀之中控訴著捕役花了這麼多時間卻抓不到小偷，誰能賠償自己的損失？

陳春亭的失望與難過並非特例，這是大多數竊盜案件被害人的心態，除非小偷是被當場逮捕的現行犯，否則被害人都必須要歷經這段緊張與焦慮感的過程，對於捕役的信任感越來越低，甚至也不乏再度或三度遭竊的情況，實在是一波未平，一波又起。

民眾對於捕役的懷疑，其來有自，在法律規範上，也已經注意到捕役與竊賊串通的問題。就法律而言，自然是對這些知法犯法的捕役加重其刑。《大清律例》針對捕役、兵丁、地保等「有稽查緝捕之責」的人，規定如果這些人行竊的話，除了按照竊盜律判刑，還需附加兩個月的枷刑。如果是串通小偷分贓或包庇犯罪的話，則是「發雲、貴、兩廣極邊煙瘴充軍」。

這些捕役之所以有偷竊與串通的可能，其實也是基於其衙門編制外人員的身分所致。雖然知縣因此默許這些沒有薪水的捕役可以向民眾以公務為由收取陋規，但與小偷

合作也是開拓「財源」的一個方式。當法律注意到這個問題並且予以規範，可見這已經成為一種社會的常態現象。

　　雖然捕役這個身分伴隨著一些弊病，不可否認的是，坊捕的設置再搭配城內林立的柵欄，確實讓居住在重慶城的民眾擁有一種安全感。但這種安全感卻會在民眾遭竊，並遲遲得不到解決的時候，形成一種巨大的落差，導致強烈的失落與恐懼感。這種情緒呈現在被害人在竊盜案件審理過程之中向縣衙呈上的告狀。

　　以下舉一實例，如在太善坊以教讀為生的廩生胡溶，長時間苦於被小偷行竊的問題，某天被小偷「搖門入室」，偷走錫酒壺、錫大包壺、錫蠟臺、銅香爐等日常用品。這次實在忍無可忍，便求助於坊捕，卻遲遲沒有下文，只好呈狀控訴這些捕役的失職。

　　胡溶在呈狀裡面聲稱重慶城「編聯保甲，晝夜清查，法令森嚴」，不僅透過讓民眾相互監視的保甲制維護治安，還有嚴格的法律規範威嚇著犯罪者，自己卻依舊多次遭竊，肯定是這些坊捕「養盜玩法」。

　　又如在朝天坊開設乾菜鋪的唐萬發，某天晚上被小偷行竊，損失大約二十餘兩白銀，求助於坊捕之後卻毫無回

音，結果又再度遭竊，損失光參、刺參、墨魚、洋菜等價值三十餘兩的庫存商品。唐萬發不禁懷疑，「本街兩頭俱有柵欄、更夫巡警，柵夫啟閉，坊捕責任捕賊」，為什麼自己還會兩度遭竊？「若非串弊，縱竊分肥，賊等焉敢疊害」？

胡溶與唐萬發的控訴都說明了重慶城本身對於防治犯罪上所做的各種努力與措施，但被害人都宣稱是因為「人」的問題，也就是這群照理來說應該要積極抓賊的捕役。

然而，這些焦急的被害人所不知道的是，對捕役來說，在這座重慶城裡的小偷，不是很好抓，就是很難抓。原因在於重慶城設置的這些柵欄雖然能達到很好的人員管理成效，使得小偷一方面為了銷贓而待在重慶城內，一方面則因為出不了城，導致坊捕按照經驗可以在銷贓的地方抓到小偷。

然而，重慶城因為所在位置擁有地理之便，不管是水路還是陸路都相當發達，因此成為西南地區的大城市，吸引不少沿江而上的移民定居於此，重慶城的發展也得益於此。但容易進來也代表容易出去，一旦小偷趁隙鑽出這座城市重重的包圍網，就很難再追捕得到。畢竟現代社會擁有身分識別系統與監視裝置，缺乏這些科技的清代捕役有時候並不是不願意抓小偷，而是心有餘而力不足。

第七步

注意事項：你即將被關押

　　雖然是光天化日之下，放眼望去卻是一片漆黑，何廷佑站在未完全被燒燬的柵欄邊，看著這條被燒得精光的街道。除了何廷佑，還有許多圍觀看戲的民眾。有人就說這大概是今年第五起火災了，兩個月前關廟街也是一整條街全部燒光光，可惜一堆還不錯的店都沒了。另一個人說才不過一條街而已，聽老一輩的人說，乾隆爺那時候，朝天門一把大火不知道燒了幾條街。

　　又聽到有人說，這火燒歸燒，救火救得快一點還不至於損失太多，最怕的是有人「趁火打劫」，假裝要救火，其實是要進去偷東西的。另一個人就激動地說自己之前就遇到火災，店鋪還在裝修的時候，晚上就被小偷拆了欄杆和門板。

　　眾人覺得荒謬，欄杆與門板又重又大，也賣不了錢，小偷拆了做什麼？那人就說是被小偷拆去做為爬到隔壁的墊腳梯，好好的一塊門板不僅被拆開，還被來勘查現場的書吏搬回衙門存證，只好再去買一塊新的來裝。眾人聽了不禁覺得滑稽，原本應該些許哀傷的火災現場卻洋溢著詼諧的氣氛。

　　何廷佑在旁邊聽了覺得有趣，卻又想到最近生意不太

好，這番對話給了他一點靈感。摸一摸懷裡的細鏟刀，這不就是一把稱手的撬門工具嗎？這條街才剛燒過，不如去關廟街，也許有些店還在裝修，趁這個機會賺點外快，度過這段淡季。

傍晚，柵欄還沒落鎖，何廷佑漫步走進關廟街道，映入眼簾的是一條嶄新的街道，新建的店面洋溢著一股朝氣。何廷佑走過每間店面時都稍微望了望內部，有些已經整修完畢，緊閉著大門，有些只完成外觀，內裡還是空的。

這間店面外頭掛著一個元寶的造型，何廷佑想到應該是一間銀錢傾銷鋪，之前生意好的時候收了很多的碎銀子，都要到這樣的店裡面熔成銀錠才好收藏。可惜現在生意越做越差，碎銀子大概很少看到，口袋摸出來的只有銅錢。這樣的店裡面應該會有很多銀子吧？進去抓個兩把就走，應該不會怎樣吧？

何廷佑看了旁邊的店鋪連招牌都沒掛，裡面也空蕩蕩的，大概是還沒裝修。便走了進去，踏上圍牆邊的火渣堆翻上，進入那間銀錢傾銷鋪。從懷裡拿出細鏟刀，伸進屋後小門的縫隙，輕輕挑開門閂，門閂掉到地上，發出沉悶的聲音。

　　伏在小門邊等了一下，確定沒有動靜之後，何廷佑深呼吸一口氣，推開小門躡手躡腳地走進去。結果沒有想像中的碎銀子可以抓，只有櫃檯上放了一個小布包，也許是客人委託熔鑄的銀子，提了就走更方便。興奮之餘，何廷佑也沒注意布包的重量，揹在肩上就趕緊循著原路翻出去。

　　想不到兩個捕役就在圍牆邊等著，一把抓個正著。捕役郭明將剛落地的何廷佑按在地上，李順打開布包，清點了何廷佑得手的東西，是藍布衫子、布帕子、青布鞋、皮釘鞋。何廷佑又是驚訝又是失望，沒想到自己竟然是因為這堆不值錢的東西被抓。

　　被兩個捕役帶去衙門，暫時羈押在監獄裡面。當天晚上何廷佑睡得不太好，除了心中悔恨之外，也是因為牢房彌漫著難以言喻的氣味，可能是汗臭，可能是淨桶，也可能是霉味，不過這個時候正好是八月，更多的大概是暑氣。

　　一個月後，何廷佑早已被監獄的氣味蒸得頭昏腦脹，總算等到審訊的機會。跪在堂下，心裡只想著趕快離開，連忙全盤托出。旁邊跪著的是被偷的那個銀錢傾銷鋪老闆余復興，原來是事發前幾天才被偷過一次，知縣下令加強巡邏，捕役才正好等在那邊抓人。

　　知縣聽完兩人供認，隨即做出裁決，先是命令余復興把當場起獲的贓物拿回去，要捕役李順繼續追查前幾天的那個小偷，然後把何廷佑送回監獄，等到那個小偷到案之後再一起處理。

　　何廷佑被捕役押回監獄的途中，心中油然升起一股焦慮感，待在那個環境，能撐幾天呢？審訊結束之後，頭昏腦脹的感覺已經升級成頭痛欲裂，想到牢房的味道，喉頭不禁有點作嘔。轉頭看到一臉兇狠的捕役，只好硬著頭皮走回牢房。

　　也不知道過了幾天，何廷佑一直都只能待在牢房，有時候還會期待著被知縣叫去打屁股，至少能出去透透氣，受點皮肉傷還是值得。

　　兩個月了，一直都沒有消息。何廷佑好像習慣了牢房裡的各種氣味，也不再覺得臭了。只是這股暑氣一直未散，全身都覺得熱烘烘的，不是已經十一月了嗎？重慶的夏天真長。

　　這一天，何廷佑一覺不醒，負責管理的看役李升覺得不太對勁，連忙打開牢門進去探視，發現何廷佑全身不自然的高燒，馬上稟報知縣。知縣隨即批示「撥醫調治」，李

升便拿著批示去請醫生張濟生來看看何廷佑的情況。張濟生提著藥包進入牢房，把了脈，拿了一帖藥讓李升去煮。

　　可惜為時已晚，何廷佑遲遲等不到那位連姓名都不知道的小偷到案就離開人世，從張濟生來看診至今，也才過了僅僅三天的時間。李升通報知縣，知縣隨即傳喚張濟生到案。張濟生先是進牢房檢驗何廷佑的屍體，確認何廷佑「週身黃瘦，餘無故，實係患病身死」。知縣按照程序訊問李升與張濟生，李升聲稱自己沒有凌虐何廷佑，是他自己身體不好，張濟生也主張自己開藥沒有問題，何廷佑確實是因病過世。

圖 21　通遠門外，民國時期因應公路通車，拆除城牆之後，成為新開發的區域

　　知縣隨即命令捕役歐洪將何廷佑的屍體送去通遠門外的義塚掩埋，雖然知道希望渺茫，但還是按照程序公告，讓何廷佑的親人能前來認屍，使其得以歸葬故土。

　　何廷佑的遭遇並非特例，許多循著這本攻略逐步作案的小偷，最後一步往往都是監獄，而且大多是走著進去，躺著出來。

羈押的理由

　　若以竊盜案件的情況來看，進入監獄往往有三種理由。第一種是小偷本人，由於竊盜案件的審理應該要有「正賊真贓」，也就是除了犯人之外，還有贓物，一方面是用來定罪，一方面是歸還被害人。但是很多情況是贓物早就已經被變賣，甚至是得手的金錢也早已花用，被害人無法取得贓物、獲得賠償。這個時候就必須要去將變賣的贓物取出，或是由小偷或其家人賠償被害人的損失，直到被害人獲得賠償之後才能結案。在這段期間，小偷就必須一直被羈押在監獄裡面。

　　第二種是複數案件的其中一位小偷，或是同一案件眾

多小偷的其中一員。正如同何廷佑的情況，被害人余復興
前後遭受兩次偷竊，何廷佑是第二次竊案的犯人，必須要
等到第一次竊案的犯人到案，才能算是真正結案。在這段
期間，先到案的犯人就必須被羈押在監獄。

　　第三種是嫌疑犯，也就是疑似犯案的小偷，卻又沒有
實際證據，或是沒有承認犯案的人。竊盜案件的被害人有
時候基於某些理由，會指認他人行竊，在尚未洗清嫌疑之
前，被指認的嫌疑人就會被羈押在監獄之中。

監獄裡的病與死

　　這些被羈押在監獄裡的嫌犯，均處於潮濕、悶熱的環
境，有時還會因為同時關押的人數過多而顯得擁擠。這也
起因於衙門空間不足，亦沒有多餘經費支付增建的費用，
再加上訴訟案件過多，需要羈押的犯人越來越多。

　　在這種環境下被羈押的嫌犯，就會陸續出現一些健康
問題。若是以重慶的情況來看，一名嫌犯從羈押到看役呈
報嫌犯生病，期間大多不到三個月，而自呈報生病到嫌犯
因病身亡，期間也不超過七天。

如果從負責驗屍的仵作與官醫呈報的死因來看，大概包括寒病、傷寒、痢疾，或通稱為「疫」的病症，這些大概都是在犯人身體虛弱的時候容易染上的疾病。雖然可輕可重，但在監獄的環境之中很有可能引發併發症而使嫌犯因此送命。

當嫌犯染病時，負責管理監獄的看役就會準備文書通報知縣，知縣可能會允許嫌犯交保外出就醫。若是無法交保外出的嫌犯，就會由官醫進入監獄診治。醫生看診後，會開立一份藥單，這份藥單在嫌犯不幸過世，醫生到案訊問時，可做為醫生佐證自己下藥無誤。

根據醫生開立的藥單，可窺知當時使用的藥方：

> 計開：本監人犯丁炳揚得染傷寒病症，用四物湯加減調治。
> 全歸二錢，白芍一錢，蘇梗二錢，蘇荷一錢，川芎一錢，生地一錢，白芷二錢，甘草五分。
> 生薑引。

羈押在監獄的嫌犯丁炳揚因為感染傷寒，醫生劉大方看診

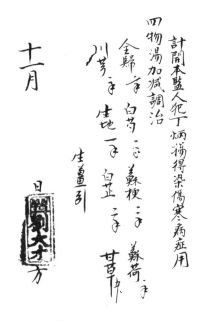

圖 22 藥單

後判斷服用四物湯即可痊癒，並列出四物湯的藥方。這些藥方與當時流行治療時疫傷寒的藥方差距不大，但這種保守的用藥並不保證一定能醫好病人。

小偷的最終歸宿

當生病的嫌犯在經過醫生診治無效後不幸過世時，看

役也會按照程序通報知縣,知縣傳喚醫生或仵作前來驗屍,並製作「驗單」,即驗屍報告,以確認嫌犯的死因。

　　等到驗屍結束後,知縣會傳喚看役與醫生。清代監獄除了環境不佳之外,看役與其他衙役也都會藉機索討賄賂,否則會有虐待的行為。這樣的現象知縣也都相當清楚,因此在訊問時,看役往往會聲稱犯人吃了醫生的藥卻因為病情過於嚴重而不幸身亡,絕對沒有凌虐嫌犯的行為。做為當初負責看診的醫生,面對知縣的訊問時也不可能承擔這份責任,便會提供藥單自證清白。

　　與嫌犯相關的兩位關係人都在知縣的訊問下釐清責任與嫌疑,確認嫌犯是因病身亡之後,就會通知家屬認領屍體,以便回歸故土處理後事。

　　然而,並不是所有嫌犯都有家屬,家屬也不一定都在本地,這個程序就會是一件相當耗費成本的事情。如果是本地人又有家屬的話,則會由家屬領屍,並簽下一份「領狀」,即收據。如果沒有家屬可以領屍的話,則多由衙役代勞,並簽立領狀。

　　領到屍體的衙役會將屍體簡單埋葬在通遠門外的義塚,並標註記號,公告招領。在此也可合理懷疑這樣的公

告是否真能通知到家屬來認領屍體返鄉，但可以確定的是，即使是一位不清楚家庭背景與身分的死者，捕役仍會按照程序完成認領、掩埋、招領的工作。

從清代監獄環境與生活來看，雖然許多小偷並未犯下什麼滔天大罪，大概也都只是小型的竊案，也許只是打打屁股就可以了事的程度。但之所以仍需待在監獄這麼長的時間，也是與竊盜行為的法律規範有關。

竊盜行為在法律規範上的論罪方式，是依照贓物價值而定。《大清律例》提供了一個量表，方便審判者對照：

> 一兩以下，杖六十；一兩以上至一十兩，杖七十；二十兩，杖八十；三十兩，杖九十；四十兩，杖一百；五十兩，杖六十，徒一年；七十兩，杖八十，徒二年；八十兩，杖九十，徒二年半；九十兩，杖一百，徒三年；一百兩，杖一百，流二千里；一百一十兩，杖一百，流二千五百里；一百二十兩以上，絞監候。三犯，不論贓數，絞監候。

由此可見，竊盜的處罰對象與刑責範圍都相當廣，處罰對

象從一兩以下至一百二十兩以上，刑責範圍從杖刑到死刑。

　　但從實際案例來看，有相當數量的小偷所得贓物價值並不高，可能就是幾件衣服或首飾，或是一批農作物的程度。這些小偷卻可能會受到程序的影響，被迫羈押在這個難以活生的地方，而這個監獄有很大機率會讓嫌犯生病，進而逝世。

　　這個現象知縣大概也相當清楚，因此有些時候會在其自由裁量權的範圍之內提供一些「協助」，也就是讓嫌犯可以保外就醫。然而，這些嫌犯是否真的生病，這大概是我們這些透過文書推測的研究者難以查證的。

　　另一方面，知縣明明就可以利用保外就醫的藉口讓嫌犯免於病死獄中的結果，卻沒有這麼做。若不是有繼續羈押的必要性，讓生病的嫌犯待在監獄裡面，就跟判了死刑沒什麼差別，只是時間的問題而已。

　　雖然等待著小偷的最後一步，有很大機率會是病死獄中的選項，但這也只是眾多小偷之中很小比例的一群倒楣鬼，更多的是成功得手，順利變現的小偷。

　　這本操作攻略無意利用這些成功案例鼓舞各位小偷，而是希望透過前述各個步驟，說明小偷之所以成為小偷，

實際上是有著許多無奈與無法解決的原因。同樣無奈的不
只是小偷，而是這一群因為竊盜行為而彼此之間產生聯繫
的人們，像是被害人、衙役、書吏、知縣，甚至是遭到被
害人或小偷隨意指認的無辜旁人。

　　歷史的角度往往可以讓現代人有機會能站在旁觀者與
後設的角度，觀察這群人在不同機會之中的選擇，並試圖
分析之。這樣的做法並不是想要認同這些犯罪行為，而是
跳脫是非善惡的思考，理解其動機與選擇，同時將這樣的
思維應用在現實生活之中。

　　不管是誰，最重要的還是不要犯罪，歹路不可行。

附章

訴訟、協調與結案

　　長年經營皮貨的甘肅商人馬義興，從甘肅出發，一路去了山東、合州，這天剛剛搭乘船隻抵達重慶城，與同鄉馬全成、馬永興一起在餐館用餐，一方面是馬全成想幫馬義興接風洗塵，一方面是馬義興第一次來重慶城，想了解一下規矩和門路。以是馬義興連下榻的客店都還沒去，就先把腳夫領到餐館外面，塞了幾文錢要他幫忙看著這些行李貨物。

　　席間，馬全成先是歡迎馬義興的到來，並說著我們甘肅商人雖然在重慶城的勢力沒有山西、陝西、湖廣商人來得大，明著來大概是沒辦法，但是如果有什麼事情的話，還是可以暗中幫點忙。接著說著那些大商人與衙門的關係很好，幫衙門做點事情就可以得到很多好處。

　　馬永興連忙解釋，很多自長江逆流而上的官私船隻都會先停在朝天門，朝天門不僅是重慶城最大的港口，同時也是陝西商人的勢力範圍，所以正對著朝天門的那條街就叫做陝西街。陝西商人擁有地利之便，會接受官府的委託，承擔接待來訪官員的差事，換取官府在一些事務上的方便。

　　馬全成拿著酒杯往桌上一放，略帶怒氣地說，就是這個緣故，有次與陝西商人之間因為生意習慣不一樣，一狀

告到衙門去，結果衙門偏袒陝西商人，還在陝西街上立了一塊碑，說以後都照著這個方式做。

馬義興眼看馬全成一邊喝，一邊說，不管馬永興在旁勸解，絮絮叨叨地念著什麼會館公所如何如何，八省客長如何如何，聽起來在重慶城的生意好像不太好做。

圖 23　陝西街

不過出發前翻了翻《貿易須知》，沒看到陝西商人有在做皮貨的，而且進城的時候也聽說太平軍才剛走，附近的山賊有點蠢蠢欲動，或許衙門需要做皮靴、皮甲。

看著馬永興把醉醺醺的馬全成扶回店之後，馬義興就吆喝著挑夫，往馬全成事先安排的客店前進。馬全成考慮到馬義興初次來重慶城，怕是不知道較場，特地幫馬義興選了一間在較場附近、位於磁器街上的萬元店。

　　馬義興到了門口，看著這間頗為氣派，重堂三進的客店，不禁期待入住。想到之前在山東做買賣的時候，好不容易找到的客店不僅店面小、倉儲小，還得先將貨物寄放在牙行，隻身入住客店。結果當天晚上牙行被小偷破門而入，偷了不少東西，幸好官府說因為自己沒有與貨物同住，所以牙行全部賠償，省了一番工夫。

　　負責接待的正是萬元店的老闆劉萬元，劉萬元按照規定向馬義興登記個人資訊，在「保人」的欄位填上馬全成，並清點腳夫放在櫃檯邊的六包皮貨，然後就要櫃工幫忙提到後面倉庫存放。

　　馬義興連忙攔住，說放在自己的房間比較安心。劉萬元便指了指門口的一張告示，馬義興上前一看，上面有一句旁邊用硃筆圈了幾個圈，說「凡屬銀錢貨物，務交櫃上」，後面還接著說「若有遺失，該店主賠還。如未交店主收檢，與店主無干」。

　　馬義興覺得這個規定實在是太奇怪了，之前在山東是客店至少要賠一半，哪像重慶的客店好像一點責任都沒有，住在這裡不是很危險嗎？而且客店這些櫃工一副很可疑的樣子，誰知道貨品放在倉庫會不會被偷。

　　本準備就這樣去別間客店，但轉念一想這個規定是衙門公告，大概也是全重慶城都是如此，而且腳夫剛剛拿了錢就跑了，一時之間也叫不到人來挑這幾包皮貨。馬義興只好摸摸鼻子，請櫃工挑去客房放著。劉萬元在旁邊看著也沒有強迫馬義興一定要把貨物寄在倉庫。

　　住了幾天，倒也相安無事。馬義興有時帶著幾件皮貨去較場找店家推銷，拿到的貨銀就包在搭連裡面，鎖進房間內的鐵櫃。有時就在城內逛逛，物色一些土產可以帶回甘肅賣，畢竟家中的八十老母還在家等著兒子賺大錢過年。

　　這天回到房間之後，馬義興正準備把貨銀放進搭連時，發現櫃門鐵鎖被扭壞了，櫃內空空如也，不禁全身涼了半截，腦中一片混亂。也不知道過了多久，馬義興總算回過神來，連忙去找劉萬元。劉萬元進來之後，四處看了看，又檢查櫃子與鐵鎖，起身拍拍馬義興的肩膀，說著很抱歉你被偷了，但是因為東西是在房間被偷，按照重慶城的規矩，你只能摸摸鼻子認了，下次記得給我們統一保管比較有保障，不然就算去告官，大老爺也不會理你。

　　看著劉萬元這一副事不關己的態度，馬義興便大聲質問這間客店遭小偷了還不處理，難道這是間賣人肉包子的

黑店嗎？還是老闆偷的？一時激憤，馬義興一手揪著劉萬元的衣服，一手伸進去亂掏，好像想掏回自己被偷的那些銀兩。劉萬元一陣臉紅，連忙甩開馬義興，一邊揪著衣領跑出房門，一邊喊著如果你不爽的話，儘管去告官吧，看老爺理你不理你。

到底是誰偷了這包銀兩？三百多兩並不是小數目，三十幾錠的元寶也沒這麼簡單就提走。馬義興就像是那個被偷了斧頭的宋國人一樣，盯著外面走動的房客，懷疑著每一個人，也許那包搭連就在這個人的房間，也許就在那個人的床頭，又或許在劉老闆的倉庫裡……

兩天後的早晨，劉萬元領著捕役來敲馬義興的房門。捕役說經查萬元店的登記號簿，其中有個叫做楊致和的房客在入住時不僅沒有登記保人的姓名，也失蹤一段時間，犯罪嫌疑最大。

馬義興在聽完捕役的說明，並讓捕役進房勘查現場之後，便逕自拿著昨天請代書寫好的告狀，趁著今天十八日，前往縣衙門呈狀。現在的我，誰也不信。

遞了告狀，馬義興因為無處可去，雖然心懷不滿，卻也只能回到萬元店等待。幾天後，捕役帶著傳票來找馬義

興與劉萬元到衙門問話。正準備動身時，捕役眼睛望著門外，左手捏著那張傳票，豎起食指搖了兩下，馬義興嘆了口氣，拉過捕役的右手，塞了一小塊碎銀。

走到衙門時，大門口的門子伸出手攔住去路，瞇著眼睛打量著馬義興，輕咳了一聲，馬義興從袖子裡拿了一小塊碎銀放在門子張開的手心。

又往前走到儀門前，又是一個站在正中間的門子，馬義興只得又塞一小塊碎銀。這個門子搖搖頭，往右手邊的捕廳努了兩下嘴，馬義興順著方向一看，幾個捕役正在捕廳門口抽著水煙，其中一個蹲著的相當講究地拿著沙市水煙桿，看起來不好惹，馬義興只好拿出一錠元寶，門子掂了掂，便讓出一條路。

等到馬義興好不容易快走到大堂的時候，卻遇到準備要在知縣案頭佈置狀紙文件的刑書。刑書問了姓名，翻出一張寫著「原告馬義興、被告劉萬元、捕差李順」的點名單，推到馬義興的面前。馬義興只得又放一塊碎銀在點名單上，刑書便要他先跪在大堂門外的臺階下候傳。不久，劉萬元也到了，跟著馬義興跪著等知縣升堂。

知縣今天傳喚兩人到案，是為了了解案情的原委。簡

單的訊問幾句之後，知縣就下令劉萬元必須要負起責任，
與捕役一同追尋楊致和的蹤跡，找回馬義興被偷的銀兩。

　　馬義興回到萬元店已過了好幾天了，不管是捕役還是
衙門方面都沒有任何消息。他因為害怕又再度被偷而整天
閉門不出，生意也沒得做，只有馬全成和馬永興帶著同鄉
的馬福盛、馬復元前來探望，並且送點食物致意。臨走前，
馬全成也塞了一小包碎銀在馬義興手中，馬義興沒有說話
就收下了。

　　隨著時間一天天的過去，馬義興越想越焦慮，便帶著
僅剩不多的銀兩出門，找代書再寫一份告狀，催促縣衙趕
緊緝捕小偷。為了讓知縣體會到自己的這份焦急感，馬義
興特地叮囑代書在告狀裡面多寫上「蟻領東辦貨，路途二
千餘里，供養八旬邁母，陷害難歸」等字句。希望縣老爺
懂我。

　　一個月過去了，中間又經過幾次傳喚，不斷地拿出銀
子應付這些捕役，若不是馬全成這群同鄉的幫忙，可能連
客店都沒辦法繼續住，只能流落街頭了。

　　這天馬全成來訪，握著馬義興的雙手，說著可以準備
回家了。原來是馬全成等一幫甘肅商人，長久以來相當不

滿重慶客店這套遊戲規則。客商大老遠來到重慶，早就已經疲累不堪，入住之後又得時常出門做生意，怎麼可能保管好自己的行李。而客店本就應該要有保護房客的義務，怎麼會是找機會撇清自己的管理責任呢？何況一見面就以統一保管為由，要求房客交出所有的行李，這樣的行為也相當霸道。

　　甘肅商人覷準了馬義興的遭遇會是一個改變現狀的契機，適逢新舊知縣交接，不僅透過馬全成接濟馬義興的生活，還動用了一些人脈，暗中接觸到新任知縣，遊說知縣接受甘肅商人的主張，讓客店至少承擔一半的責任。知縣經過幾度遊說，想到剛剛接任就遇到總督巡視的苦差事，便要求甘肅商人負責明年總督來城巡視的接待事宜，這次的事情自然會如你們所願。雖然這是一樁相當麻煩的苦差事，但為了讓之後的客商不會被迫接受這麼不公平的規則，這群甘肅商人便同意了。

　　另一方面，劉萬元原本覺得知縣應該會一如往常般地按照既有的遊戲規則，等判決之後再塞一點錢給這個外地人，很快就能擺平了。但是經過這段時間，劉萬元覺得這次不同尋常，知縣怎麼一直不願意下判決，反而一直要自

己跟捕役一起去把嫌犯抓回來。越想越不對勁，劉萬元趕緊和同樣開設客店的張裕順、劉洪發商量，兩人也有同感。

等到馬全成等人準備就緒之後，馬義興再度呈上告狀，讓劉萬元等人到案。知縣例行公事般地重述了自己對於整起案情的理解之後，便命令劉萬元一方面繼續與捕役追尋嫌犯的去向，另一方面則先墊賠馬義興一半的損失，讓馬義興早日回鄉，之後抓到嫌犯，起出贓物之後，自然會歸還劉萬元墊賠的款項。知縣宣判之後，看著驚訝到一臉茫然的劉萬元，又說了這起案件的判決如此，但需要再交給團練協商之後才會定案。

馬義興無法理解，這場判決自然是自己與甘肅商人的大獲全勝，打破了重慶客店既有的遊戲規則，但為什麼不是立即生效，而是要再交給團練協商？

踏出衙門之後，馬全成等人滿懷笑容地迎接馬義興。路上，馬全成向馬義興說明，知縣的用意在於減輕自己的政治責任，畢竟茲事體大，既有的遊戲規則很難讓知縣這個三年一任的外地人一夕翻盤，還是要交由本地人協商處理。至於這個團練的協商方式，也是重慶城特有的處理方式，畢竟團練的團首、團正、監正等領導階層本來就都是

重慶本地人，甚至也都是本地有頭有臉的人，說話比較大聲，因此由這群人協商做出的結果，等於是幫知縣的判決背書，也比較能說服大家。

幾天之後，馬義興隨同馬全成等人前往楊柳坊監正馬正順的住家參與協商。經過馬全成的介紹，馬義興才知道現場除了團練成員之外，還有代表劉萬元方面的客店代表，以及代表馬義興方面的客民代表，雙方各有四位成員出席。

馬正順眼看表定參與協商的成員全部到齊，先是宣讀了知縣的判決，再詢問客店方面的意見。客店方面因為在整起案件的運作上晚了甘肅商人一步，錯失先機，無法左右知縣的判斷，今天協商的目標是不讓劉萬元損失更多，以及重申這條規則的效力，當即宣布接受知縣的判決，讓劉萬元當場拿出一百八十兩白銀，經雙方代表驗過成色與重量無誤之後，便交付給馬義興。

協商散會之後，馬義興隨同與會的甘肅商人前往馬全成與馬永興合夥開設的店鋪，馬全成準備了一桌酒席，慶祝這次協商的成功，同時為馬義興送行。馬義興在席間向眾人表達了訴訟以來這兩個多月奔走與照顧的感激，若非如此，也許就真的得血本無歸地回到故鄉。雖然沒抓到小

偷，也沒辦法把錢全部拿回來，但一切的一切都比不上揣在懷裡的那包一百八十兩。

回首這段時間的煎熬，馬義興真的受夠了上衙門這件事情，要一直給錢，還要怕會不會被藉故刁難。而且不過就是一個小偷，花了這麼久時間還抓不到，真不知道這些捕役在幹什麼吃的。如果一個小偷得耗掉這樣長的時間，到底有誰等得到破案的一天呢？

低破案率與長時間

現代社會得益於監視器材的普及與科學技術的進步，竊盜行為的數量雖然仍舊高居不下，但破獲率卻能達到九成以上。

相較於此，清代的情況就顯得艱困不少，不僅是竊盜行為頻繁發生，破獲率也是無法提高。若是以同治時期的重慶城而言，大概只有三成不到的案件是抓到小偷，起出贓物。這些案件之中，又有大約三分之一的小偷是現行犯。由此看來，在清代重慶城發生的竊盜案件之中，十件裡面大概只有一件是有機會在現場逮捕到犯人，其他大部分的

情況是根本抓不到犯人，或是趁著犯人還待在城裡面的時候找機會逮捕。

至於犯人之所以繼續待在城裡的原因，有的是因為本身就是重慶人，或是在重慶工作的人，有的則是如同前面所言，是為了待在城裡銷贓。捕役自然也相當清楚小偷銷贓的場所，因此不乏案件之所以能破獲，就是靠著捕役在當鋪或較場巡邏。

這些竊盜案件的低破案率，也是因為重慶便利的水陸交通，不僅帶來大批人潮，活絡商業經濟，也使得小偷一旦離開重慶城，大概就從此遠走高飛，難以緝捕，增加捕役破案的難度。以是本書〈第六步〉提及捕役緝捕小偷的方式，均是小偷在城內未離去的情況，若是能夠在城外，甚至是巴縣以外的地區順利捕獲小偷，這樣的案件相當稀少，而大多其實也都是因為一開始就被鎖定。

正因為破案率低，導致一起竊盜案件必須要耗費大筆時間才有些許的機會獲得解決。根據清代的制度，竊盜案件必須在二十天至三個月之內結案，否則捕役會受到懲罰，知縣也會以「疏防」被參處，也就是沒有好好防範竊盜行為的發生。

不過這個期限並非毫無彈性可言，有幾種情況是允許延長。如果嫌犯是外地人，並且已經逃回家鄉的話，巴縣衙門必須準備一份「關文」，發文至當地，委請當地衙門協助逮捕嫌犯，並連同物證移送巴縣接受審判。這個過程雖然耗費時間，也必須付出相當的行政成本，卻可延長期限。

除此之外，若適逢新舊知縣交接的時間點，也會延長期限，而有些兩造纏訟許久的訴訟案件也會趁著新任知縣就職之際，呈上告狀，以求突破雙方僵局，或是說服知縣接受自己的訴求。如果遇到嫌犯在羈押期間患病的話，也會等到痊癒之後才會繼續審訊。當然，如果嫌犯不幸病逝，這起案件也會因此不了了之。

被害人的抉擇

一起既簡單又尋常的竊盜案件，卻可能會耗上被害人與衙門不少的時間，而且又有很高機率是達不到預想的結果。竊盜案件的長時間審理與低破案率，知縣自然是了然於心，而一般民眾大概也多有耳聞，這麼一來，被害人是抱著什麼樣的心情與目標面對竊盜案件？而知縣面對這樣

的被害人，又必須要如何回應？

　　對被害人而言，在發覺家中遭竊的當下，自然會有各種驚訝或惶恐等負面情緒，接著也許會出現各種不解。為什麼重慶城四周有城牆圍繞，住家附近還有官方設置的柵欄，並由柵夫整夜看守，同時坊裡還有坊捕四處巡邏，自己竟然還會被偷？這種原本帶給民眾的安心感，卻在這一瞬間崩壞，其心理則進入了下一個層面。

　　要報官嗎？正如同前文所言，一旦報官，犯罪行為成為案件，接下來的每一步都必須耗費不少金錢，而這筆錢有大部分會進到捕役、書吏的口袋裡。除此之外，按照清代的制度，呈狀人在成功投遞告狀之後，必須要待在城內，等待捕役隨時前來傳喚。

　　如果本身就是住在重慶城內的呈狀人，可以直接住在家裡，否則必須住在客店，所在客店的老闆也必須要保證呈狀人能隨傳隨到，否則也會有罪。因此呈狀人會在告狀上書明入住的客店，以便捕役傳喚，而透過這些告狀上的客店，可以考察出小小的重慶城座落著至少一百間以上的客店。

　　被害人在報官前應該會衡量自己的損失與報官的成

本，以致有不少被害人在告狀之中陳述自己之前幾次家中遭小偷，但因為「贓微」，損失不多就沒有報官。雖然被害人對此輕描淡寫的敘述，卻蘊含著被害人在面對是否報官之前的各種掙扎。

歷經遭竊後的負面情緒與心理掙扎之後，被害人總算鼓起勇氣踏出報官的第一步，這個時候的被害人往往會提出「務獲正賊真贓」的訴求，也就是捕獲小偷，取出贓物，奪回屬於自己的東西。

然而，竊盜案件的破案率以及長時間的審理遠遠不及被害人的期待，對被害人而言，原本已經因為小偷而損失大筆財物，再加上訴訟費用的付出，以及隨著時間陸續增加的支出，這個時候的被害人可能會因此降低原本的訴求，從「務獲正賊真贓」到取回贓物即可，甚至可能只希望有人能賠償損失，或是賠償部分損失。至於「正賊」在何處，已經不是被害人的重點了。

當然也不是隨便找一個替死鬼來賠錢就算了，被害人與知縣也相當清楚這一切必須要合理，同時也要說明這是「墊賠」，也就是代替小偷賠償被害人的損失。等到真正的小偷到案、起出贓物之後，就會歸還這個替死鬼當初代墊

的款項。至於是否真的有歸還的一天呢？這個機率大概會比竊盜案件的破案率還要低。

因此，即使被害人的訴求隨著時間逐步降低，但其不可退讓的底線就是獲得賠償，畢竟經過這麼多的損失之後，取回一點東西也是很合理的。

【多元角色的知縣】

清代關於竊盜的法律規定，衙門必須要抓到小偷，起出贓物之後，根據贓物價值決定小偷應該要承擔的刑責。因此，即使知縣同情被害人的心情，仍應依法判決，而不能隨便找個理由讓某個替死鬼滿足被害人的期待。然而，事實並非如此。

現代法官是接受了專業的法學訓練，並通過國家司法考試，歷經一定時間的實習之後，才得以坐在法庭上，揮舞著法槌，嚴格按照法律規定的程序，依照法律進行審判。清代負責審判的則是歷經「十年寒窗」科舉考試的知縣，既非法律專業訓練出身，亦非法律專業工作者。

若將清代知縣所要負擔的事務，歸納為現代行政機關，

大概可以想像成是縣市政府、戶政事務所、地政事務所、稅捐稽徵處、衛生所、社會局、教育局、警察局、地方法院等機關合一的衙門。

由此看來，一個清代的知縣可以說是集所有行政、司法事務於一身的官員，衙門的事務對知縣來說並無行政或司法之間的區別，因此在知縣的眼中，一起竊盜案件不會只是法律問題，而是關係到日常施政之治安問題。

同時，正因為衙門集合眾多事務，對知縣來說也是相當繁重且複雜的工作份量。因此，正面回應被害人的期待，以縮短結案時間，減少工作的累積，大概就是知縣在面對各種案件時所產生的各種想法。

當然，這不代表知縣可以隨便亂搞，無視程序與法律。法律規定，官員審判時必須要按照法律，並且定期考核官員對於法律的理解，如果未依法審判，或是被發現不了解法律的話，則會受到責罰。

同時，官員對於案件的判決權力也會隨著刑罰的輕重程度而有所不同。清代的刑罰分成五種，最輕的是「笞刑」，也就是以「小荊條」擊打犯人臀部；再來是「杖刑」，也就是「大荊條」。這兩種刑罰涉及的案件，知縣擁

有最終裁決權，也就是判決後可直接執行刑罰，不必交給
上級衙門。

　　比笞、杖刑較重的刑罰是「徒刑」，不同於現代屬於監
禁刑，在清代指的是犯人前往指定地點從事挑砂石、蓋城
牆等勞役的刑罰，待服刑期滿則可返回原籍，由當地衙門
管束一定時間之後才能重獲新生。徒刑案件是由知縣進行
初步調查與審訊，對於判決提出建議之後，呈給知府覆審，
知府也提出自己的建議之後，呈給省的按察使、巡撫、總
督進行判決。

　　再更嚴重的是「流刑」，屬於遷徙刑，即流放到遠方，
不得返回原籍，並隨著案件的輕重而有距離遠近之分。流
刑案件則需要依序經由州縣、府、省覆審，由刑部進行判
決，再交由地方執行。

　　最嚴重的刑罰則是「死刑」，分成絞刑與斬刑兩種，後
者因為是「身首分離」而較前者的刑責為重，另外還有千
刀萬剮的「凌遲」。死刑案件是由刑部匯整州縣、府、省的
建議，以摘要的形式交給皇帝做最終裁決。若是罪證確鑿，
沒有討論空間的案件，會判以「立決」，也就是即刻發下地
方執行死刑；若是仍有疑慮，還有討論空間的案件，則會

判以「監候」，也就是暫緩執行，等到「秋審」時會將所有監候案件提出來重新討論。

對知縣而言，刑責在徒刑以上的案件只需要進行初步調查與審理，並對於判決提出建議即可，而這個建議自然是要合乎法律規範。至於笞杖案件，因為知縣擁有自由裁量的權力，可以根據現況進行各種彈性的調整，當然也包括不依法判決這個選項。因為大部分的竊盜案件行竊的資財不過幾兩銀，依據清律計贓論刑的話，不過是笞、杖刑，知縣有較大的裁量權。

如何結案？

竊盜案件的長時間與低破案率是知縣相當清楚的結構性問題，既然無法解決，就只能盡可能使案件走向結案，或是在沒有抓到小偷的情況下獲得妥善處理。如果要依照國家制度與法律規定，被害人必須付出更多的時間與金錢成本，最後還會有很大機率依舊得不到解決。

除此之外，知縣在竊盜案件之中還面對到不少難題。這群一直得不到結果的被害人，可是鼓起了莫大的勇氣才

決定要告官，告官之後又付出了這麼多成本，即使歷經時間的拖磨，原本的期望標準早已降低不少，但是如果仍未能如願，這些被害人也不是好惹的。

　　對大部分的州縣衙門來說，上級的府衙門是天高皇帝遠，雖然移送文書與錢糧的成本會因為地理距離的關係而提高不少，但在行政層面的監督上，自然會比較低一點。巴縣與重慶府兩座衙門不僅位處同城，而且還在同一條街上。負責審理的巴縣知縣壓力更大。因為這些無法如願的被害人可能會因為等待不了，便會逕自向巴縣衙門隔壁的上級衙門重慶府呈控。

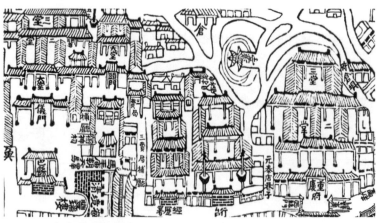

圖 24　巴縣與重慶府衙門

　　重慶知府受理案件之後，也只會根據告狀內容批示，發下給巴縣知縣重新審理，收到知府批示的巴縣知縣會擔心著自己的考核會不會因此受到影響，又煩惱要怎麼同時應付來自上級與下民的壓力。

　　被這些壓力多重夾擊的知縣，還得面對著一群可能滿懷惡意的被害人。因為有些被害人是透過誣指他人行竊，以達成某些目的，同時還有些被害人是真的被偷，卻仍採取誣指他人行竊的策略，以達成某些目的。這樣的行為在當時稱之為「誣扳」，也就是誣告。

　　當被害人在呈狀之中，明確指認某人是小偷的時候，知縣自然也不會全盤接受，而是先透過自己的判斷力分辨，免去捕役傳喚的冤枉路，也避免對方因此付出大筆成本。但並不是每一位知縣每一次都能成功判斷，也有不少情況是被告到案之後，歷經數次審訊，並努力自證之後，才得以洗刷嫌疑。

　　當被害人對於竊盜案件的期待已經降到只要有人能夠賠償的標準之時，如何提出「合理」的對象，以說服同樣急於結案的知縣，這就是被害人在這個階段所要展現出的藝術。

　　正如同本章開頭的案件，明明就還沒逮捕到目前嫌疑最大的楊致和，馬義興便已經將希望放在理應負起保管責任的客店老闆劉萬元身上。然而，事實上重慶城已有釐清失竊責任的規定，從客店老闆的態度來看，這項規定實際上有在運作，可能也因此免去很多上衙門的機會。但在這起案件之中，明顯看到知縣為了加速案件的進度，讓劉萬元成為代罪羔羊，賠償馬義興一半的損失，好讓馬義興可以早點回家過年。

　　除此之外，即使是租房子給小偷的房東，也可能得負起賠償「責任」。李逢年某天晚上遭竊，損失慘重，經過捕役的追查，捕獲李照與羅二這兩個慣竊。李照不僅坦承行竊，並供出一部分贓物已經交給劉新元出城變賣，其餘贓物都存放在自己暫居的李時亨家。捕役押著兩人前往李時亨家準備起出贓物，卻遭到房東王大智拒絕。後來王大智自行從李時亨家中搜出贓物，並交給衙門。

　　清點王大智呈上的贓物之後，發現其中大部分都是其他被害人所有，李逢年的贓物僅僅取回一頂氈帽。知縣以王大智不應該將房屋租佃給李時亨為由，命令王大智賠償李逢年「訟費」五十兩。王大智不服判決，其後多次趁著

知縣交接之際要求重審，李照也多次翻供，誣指他人收受贓物，李逢年也不願意到此為止。

然而，由於劉新元遲未到案，李逢年也不堪長期滯留城內候審所付出的成本，案件就在王大智付出五十兩的賠償金，雙方立下切結書，聲明接受判決，終止訴訟之下，總算結束這一年來的紛擾。

也許就現代的眼光來說，這種處理方式是相當荒謬的一件事情，明明什麼事都沒有做，卻不僅被牽連進官司之中，還必須負起賠償的責任，即使知縣保證抓到犯人後就會歸還代墊的款項，但誰知道什麼時候會抓到小偷？甚至是接下來捕役會不會繼續追捕小偷呢？

當然，理想的情況下是順利抓到小偷，起出尚未變賣的贓物，清點估價之後，全數交還給被害人，小偷則依照贓物價值判刑。如果是笞、杖程度的刑責，則當場執行，或是由小偷付出贖金得以免刑。如果是徒、流的刑責，甚至是贓物價值已經高到必須要判處死刑的程度，則由知縣擬定一個建議的判決，製作相關文書，層層送到府、省、刑部等單位覆審，最後由皇帝裁決。

但事實上大部分的案件不是這麼理想，而是根本不知

道犯人在哪裡，即使已經知道嫌疑最大的人，也早就藏在茫茫人海之中。因此對整起案件的期待標準逐步降低的，不只是被害人，還有知縣本人。被害人有成本壓力，知縣也有來自於各方的壓力，在這些壓力下，知縣就會選擇最有效率，或是最能達成圓滿結局的方式。

　　總而言之，清代州縣官處理訴訟時，由於自身職責的性質，本來就以調停糾紛為主要目的，避免常識性的公平正義遭到破壞，所以追贓或找到真正的小偷並非必須，能令兩造滿意才是重點。

參考書目

一、檔案與方志

1. 四川省檔案館藏,「清代四川巴縣衙門檔案」。
2. 王爾鑑編,《巴縣志》,清乾隆二十六年刊本。
3. 霍為棻編,《巴縣志》,清同治六年刊本。
4. 羅國鈞修,向楚等纂,《巴縣志》,民國二十八年刊本。

二、地圖

1. 張雲軒,「重慶府治全圖」,美國耶魯大學藏清光緒十二年版本。
2. 劉子如,「增廣重慶地輿全圖」,三峽博物館藏清光緒十七年版本。
3. 艾仕元,「渝城圖」,法國國家圖書館藏清同治光緒間版本。

4.「新測重慶城全圖」，重慶：重慶合記肇明石印公司，1912。

三、其他史料

1. Mrs. Archibald Little, *The Land of The Blue Gown*, London: T. F. Unwin, 1902.
2. 凌濛初，《二刻拍案驚奇》，日本內閣文庫藏明崇禎五年尚友堂刻本。

四、專書與論文

1. 夫馬進著，瞿艷丹譯，〈清末巴縣「健訟棍徒」何輝山與裁判式調解「憑團理剖」〉，《中國古代法律文獻研究》第10輯，北京：社會科學文獻出版社，2016，頁395–420。
2. 吳佩林，《清代縣域民事糾紛與法律秩序考察》，北京：中華書局，2013。
3. 吳景傑，〈十九世紀中期重慶城的客棧竊案客商訴訟與棧規運作〉，《法制史研究》，39，2022年12月，頁149–196。

4. 吳景傑，〈法律、犯罪、社會：清代後期重慶竊盜案件的官員思考模式〉，臺北：國立臺灣大學歷史學系博士論文，2019。

5. 吳景傑，〈清代重慶城的「坊」與城市管理〉，《東吳歷史學報》，42，2022 年 12 月，頁 103-146。

6. 巫仁恕、吳景傑，〈犯罪與城市：清代同治朝重慶城市竊盜案件的分析〉，《臺大歷史學報》，67，2021 年 6 月，頁 7-53。

7. 巫仁恕、吳景傑，〈竊盜案的歷史犯罪學分析：以同治朝四川省巴縣為例〉，《漢學研究》，39：3，2021 年 9 月，頁 141-186。

8. 那思陸，《清代州縣衙門審判制度》，臺北：文史哲出版社，1982。

9. 周琳，《商旅安否——清代重慶商業制度》，北京：社會科學文獻出版社，2021。

10. 邱澎生，〈國法與幫規：清代前期重慶城的船運糾紛解決機制〉，收入邱澎生，陳熙遠編，《明清法律運作中的權力與文化》，臺北：中央研究院、聯經出版，2009，頁 275-344。

11. 唐澤靖彥，〈從口供到成文記錄：以清代案件為例〉，黃宗智、尤陳俊編，《從訴訟檔案出發：中國的法律、社會與文化》，北京：法律出版社，2009。

12. 張渝，《清代中期重慶的商業規則與秩序：以巴縣檔案為中心的研究》，北京：中國政法大學出版社，2010。

13. 梁勇，《移民、國家與地方權勢——以清代巴縣為例》，北京：中華書局，2014。

14. 陳亞平，《尋求規則與秩序：18–19 世紀重慶商人組織的研究》，北京：科學出版社，2014。

15. 譙珊，《重慶：舊秩序中的精英與城市管理 (1644–1911)》，成都：四川大學出版社，2018。

16. 竇季良，《同鄉組織之研究》，重慶：正中書局，1943。

17. 龔汝富，〈清代保障商旅安全的法律機制——以《西江政要》為例〉，《清史研究》2004：4，北京，頁 46–50。

圖片出處

圖 10　劉子如，「增廣重慶地輿全圖」，三峽博物館藏清光緒十七年版本。

圖 11　張雲軒，「重慶府治全圖」，美國耶魯大學藏清光緒十二年版本。

圖 12　艾仕元，「渝城圖」，法國國家圖書館藏清同治光緒間版本。

圖 13　張雲軒，「重慶府治全圖」，美國耶魯大學藏清光緒十二年版本。

圖 14　四川省檔案館藏，「清代四川巴縣衙門檔案」。

圖 15　艾仕元，「渝城圖」，法國國家圖書館藏清同治光緒間版本。

圖 16　劉子如，「增廣重慶地輿全圖」，三峽博物館藏清光緒十七年版本。

圖 17　劉子如，「增廣重慶地輿全圖」，三峽博物館藏清光緒十七年版本。

圖 18　四川省檔案館藏，「清代四川巴縣衙門檔案」。

圖 19　劉子如，「增廣重慶地輿全圖」，三峽博物館藏清光緒十七年版本。

圖 20　四川省檔案館藏，「清代四川巴縣衙門檔案」。

圖 21　劉子如，「增廣重慶地輿全圖」，三峽博物館藏清光緒十七年版本。

圖 22　四川省檔案館藏，「清代四川巴縣衙門檔案」。

圖 23　劉子如，「增廣重慶地輿全圖」，三峽博物館藏清光緒十七年版本。

圖 24　劉子如，「增廣重慶地輿全圖」，三峽博物館藏清光緒十七年版本。

蠻子、漢人與羌族

王明珂／著

夾在漢、藏之間的川西岷江上游，有一群人世代生息在這高山深谷中，他們都有三種身分：他們自稱「爾瑪」，但被上游的村寨人群稱作「漢人」、被下游的人們稱作「蠻子」。本書以當地居民的觀點，帶您看他們所反映出「族群認同」與「歷史」的建構過程。

奢侈的女人——
明清時期江南婦女的消費文化

巫仁恕／著

明清時期的江南婦女，經濟能力大為提升，生活不再只是柴米油鹽，開始追求起時尚品味。要穿最流行華麗的服裝，要吃最精緻可口的美食，要遊山玩水。本書帶您瞧瞧她們究竟過著怎樣的生活？

救命——明清中國的醫生與病人

涂豐恩／著

在三百年前，人們同樣遭受著生老病死的折磨。不同的是，在那裡，醫生這個職業缺乏權威，醫生為了看病必須四處奔波，醫生得面對著各種挑戰與詰問。這是由一群醫生與病人共同交織出的歷史，關於他們之間的信任或不信任，他們彼此的互動、協商與衝突。

情義與愛情——亞瑟王朝的傳奇

蘇其康／著

魔法師梅林、哈利波特的魔法世界、魔戒裡的精靈族、好萊塢英雄系列電影、英國的紳士風度，亞瑟王傳奇一千多年來啟發無數精彩創作，甚至對歐洲的社會文化造成影響。然而，亞瑟王來自何處？歷史上真有其人嗎？讀過亞瑟王，才能真正了解西方重要的精神價值，體會更多奇幻背後的文化底蘊！

公主之死——你所不知道的中國法律史

李貞德／著

丈夫不忠、家庭暴力、流產傷逝——這是西元第六世紀一位鮮卑公主的故事。有人怪她自作自受，有人為她打抱不平；有人以三從四德的倫理定位她的角色，有人以姊妹情誼的心思為她伸張正義。他們都訴諸法律，但影響法律的因素太多，不是人人都掌握得了。在高舉兩性平權的今日，且讓我們看看千百年來，女性的境遇與努力。

風雪破窯——呂蒙正與宋代「新門閥」

王章偉／著

本書重構呂蒙正及其家族的故事，除了讓讀者重新了解呂家這段精彩的家族故事之外，更透過分析呂氏家族的歷史認識中國中古門第社會崩解後，科舉制度如何影響士族官僚的發展，並改變了近世中國的社會結構。本書以淺顯易懂的語彙與學術性、易讀性兼具的內容，讓讀者能輕鬆的理解相關內容，提供觀看「宋代門閥」的新視野！

獅頭人身、毒蘋果與變化球──
因果大革命

王一奇／著

因果關係與我們的生活息息相關，小到如何進行飲食控制，大到國家政策的制定，都無法擺脫因果對我們過去、現在及未來的影響性。所以──我們需要認識「因果」！但有其「因」必有其「果」嗎？作者在書中靈活運用生活及科學實驗的例子，勾起我們正視思考的陷阱，探討因與果的必然性。

荷馬史詩──儀軌歌路通古今

呂健忠／著

傳說為荷馬創作的《伊里亞德》和《奧德賽》，歐洲最古老的書寫文本，是希臘的史記。本書上溯印歐語族群遷徙殖民的歷史，下探歐洲史詩的源起與流變，透過獨樹一幟的史觀，展現別開生面的史識，全面探究荷馬史詩蔚然成學的來龍去脈。

老樣子──從神話史詩到現代小說，跟著西方經典作品思考「老化」這件事

陳重仁／著

我們應該如何看待「老化」？人類對生命本身有怎樣的想像與未來展望？本書依時序探索西方經典作品當中對「老化」的論述與想像，這些作品與作家對於時間、身體、記憶的書寫，是後世讀者藉以思索「老化」的重要途徑，引導我們回顧每個人自身終將面臨的課題：「如何面對生命中的老化」。

致　親愛的——莎士比亞十四行詩

邱錦榮／著

莎士比亞的十四行詩以固定的體裁和韻律，結構嚴謹卻又情感豐沛，展現詩人對於愛情最虔敬的歌詠與遐思。本書共分三部分，先詳盡梳理莎士比亞詩作書寫的時代背景、寫作環境，以及歷史上圍繞著詩作的種種謠言與謎團，進一步揭示閱讀十四行詩的要點方法，最後以節錄方式挑選詩集精華，詳盡解析經典。

國家圖書館出版品預行編目資料

清代小偷操作攻略／巫仁恕,吳景傑著.－－初版一
刷.－－臺北市：三民,2024
面；　公分.－－（文明叢書）

ISBN 978-957-14-7725-1　（平裝）
1. 文化史 2. 清代

637　　　　　　　　　　　　112020125

文明叢書

清代小偷操作攻略

作　　　者	巫仁恕　吳景傑
總 策 畫	杜正勝
執行編委	李建民
編輯委員	王汎森　呂妙芬　李貞德　林富士
	陳正國　康　樂　張　珣　單德興
	鄧育仁　鄭毓瑜　謝國興
責任編輯	陳至忻
美術編輯	曾昱綺

發 行 人	劉振強
出 版 者	三民書局股份有限公司
地　　　址	臺北市復興北路 386 號 (復北門市)
	臺北市重慶南路一段 61 號 (重南門市)
電　　　話	(02)25006600
網　　　址	三民網路書店 https://www.sanmin.com.tw

出版日期	初版一刷 2024 年 1 月
書籍編號	S600490
I S B N	978-957-14-7725-1

三民書局